本書の特色と使い方

この本は，国語の読解問題を集中的に学習できる画期的な問題集です。苦手な人も，さらに力をのばしたい人も，１日１単元ずつ学習すれば30日間でマスターできます。

①「パターン別」と「ジャンル別」トレーニングで読解力を強化する

「指示語」や「接続語」などを問うパターン別問題に取り組んだあとは，物語，説明文などのジャンル別問題にチャレンジします。さまざまな問題に慣れることで，確かな読解力が身につきます。

② 反復トレーニングで確実に力をつける

数単元ごとに習熟《しゅうじゅく》度《ど》確認《かくにん》のための「**まとめテスト**」を設けています。解けない問題があれば，前の単元にもどって復習しましょう。

③ 自分のレベルに合った学習が可能な進級式

学年とは別の級別構成（12級～１級）になっています。「**進級テスト**」で実力を判定《はんてい》し，選んだ級が難《むずか》しいと感じた人は前の級にもどり，力のある人はどんどん上の級にチャレンジしましょう。

④ 巻末《かんまつ》の「解答」で解き方をくわしく解説

問題を解き終わったら，巻末の「**解答**」で答え合わせをしましょう。「**考え方**」で，特に重要なことがらは「**チェックポイント**」にまとめてあるので，十分に理解しながら学習を進めることができます。

読解力 3級

本書に関する最新情報は，当社ホームページにある本書の「サポート情報」をご覧ください。（開設していない場合もございます。）

1 次の文章を読んで、あとの問いに答えなさい。

〔電気の開通を祝う式典で、安雄《やすお》と静子《しずこ》の娘《むすめ》・朝美《あさみ》が児童代表の作文を読むことになった。〕

一昨日《いっさくじつ》、学校から帰ってきた朝美からそれを教えられたとき、「それはそうだろう。そんな大役が務まるのは、俺《おれ》の娘をおいてほかにはいない」とご満悦《まんえつ》だった安雄であるが、いざ会場に来てみると、県知事まで参列しているという大々的な式典である。果たして娘はちゃんと大役を果たせるだろうかと、落ち着かないったらありゃしない。

隣《となり》の静子に、［①］してないで落ち着きなさいよ、と何度も肘《ひじ》でつつかれながら見守っているうちに、知事を筆頭に型通りの祝辞や挨拶《あいさつ》が終《お》わり、ついに朝美の出番がやってきた。

参列者に深々と一礼した娘が原稿《げんこう》用紙を広げ、作文を読み始める。

「私《わたし》の家は、全部で六人家族です」

最初にそう聞こえた瞬間《しゅんかん》、うわっ、いきなりなんて間違《まちが》いを！と［②］を抱《かか》えた。どの家が何人家族で誰《だれ》がどうでと、住民どうしがすべて知っている狭《せま》い地区のことであ

⬇解答は65ページ

(1) ［①］にあてはまる、落ち着かない様子を表す言葉を次から選び、記号で答えなさい。

ア だらだら　イ ひしひし
ウ うきうき　エ そわそわ

（　　）

(2) ［②］にあてはまる、体の部分を表す漢字一字を答えなさい。

□

(3) ——③「失笑」、④「臆する」の意味として、最も適当なものを次から一つずつ選び、記号で答えなさい。

③「失笑」

ア おかしくて思わず笑ってしまうこと。
イ 相手に対し見下した気持ちで笑うこと。
ウ 大勢の人が、一度にどっと笑うこと。
エ 声を出さずに、静かにほほ笑《え》むこと。

月　日

る。ん？　という顔をした者だけならまだしも、③失笑の声が聞こえたり、参列者のあいだをさざ波のようにざわめきが動いたりと、穴《あな》があったら潜《もぐ》ってしまいたい気分になる。

だが、当の朝美は、いたって堂々と、まったく④臆《おく》する様子も見せずに朗読《ろうどく》を続ける。

「六人家族というのは、父と母、兄と弟に私、そして牛の桃子《ももこ》のことです」

それを耳にした大人たちが、なるほど、と得心してうなずきを交《かわ》し合い、安雄も、ああそうか、と⑤胸《むね》を撫《な》で下ろした。やっぱり、さすが自慢《じまん》の娘である。最初にこんなふうに大人の意表をつくなんて、心憎《こころにく》いばかりの作文だと、寸前《すんぜん》の⑥恥《は》ずかしさが瞬時に誇《ほこ》らしさに取って替《か》わり、安雄は椅《い》子《す》の上で、私があの娘の父親です、とばかりに⑦胸をそらした。

やがて、大人たちの堅苦《かたくる》しい祝辞や挨拶のときにはなかった、鼻を啜《すす》る音が、会場のあちこちからあがり始めた。

「――ランプのときには見えなかった両親の顔のシワが、明るい電気がついて初めて見えました。母の髪《かみ》に白髪《しらが》が混じっているのも見えました。いつも元気一杯《いっぱい》の父や母が、急に年寄りになったように見えて、ショックでした。でも私は、電気がないときには気づかなかった父と母のシワや白髪を見ながら、私たちきょうだいを一生懸命《けんめい》育ててくれている両親に感謝する気持ちで、胸が一杯になりました――」

（熊谷達也《くまがいたつや》「桃子」）

④「臆する」

ア　困《こま》る。　イ　気おくれする。

ウ　おこる。　エ　気をつかう。

③（　　）④（　　）

(4) ――⑤「胸を撫で下ろした」とありますが、「胸を撫で下ろす」とは、どのような気持ちを表したものですか。

（　　）

ヒント「いきなりなんて間違いを！」とあわてた安雄が、「ああそうか」と、作文の内容に納得《なっとく》していることから考えよう。

(5) ――⑥「恥ずかしさ」を表す慣用的な表現がふくまれる言葉を、これより前の部分からぬき出しなさい。

（　　）

(6) ――⑦「胸をそらした」と似た意味の言葉を次から選び、記号で答えなさい。

ア　胸をたたいた　イ　胸を張った

ウ　胸を痛《いた》めた　エ　胸を打った

（　　）

ヒント　どのような気持ちを表す動作か考えよう。

2日 指示語・接続語をおさえる

⬇解答は65ページ

月　日

1 **次の文章を読んで、あとの問いに答えなさい。**

川には瀬《せ》とよばれる所と、淵《ふち》とよばれる所があります。瀬は川の水が浅く速く流れている所、淵は川の水が深くよどんでいる所のことです。

(中略)

瀬と淵は、川に生きる魚や虫たちにとって、たいせつな意味をもっています。例えば、イトウやサケなどのいる北海道の川では、イトウは淵が終わって瀬に移り変わる所(瀬頭《せがしら》)で産卵《さんらん》しますし、サケは逆に瀬が終わって次の淵が始まる所(瀬尻《せじり》)で産卵します。イワナは、平瀬《ひらせ》といって、浅い瀬がしばらく続くような場所に産卵します。①そんなふうに、魚たちの産卵場所は一つの川でもみんなちがっていて、決して重ならないようになっているのです。

それでも、深い淵の底に産卵する魚はいません。みんな、浅い瀬の近くを選んでいます。それはなぜでしょうか。サケ科の魚たちはみんな、メスがおびれで川底をほって卵《たまご》を産みますから、卵は川底の砂利《じゃり》の中にあります。卵が無事にかえるためには、卵にはいつも新せんな酸素が供給《きょうきゅう》されなければなりません。[②]、卵は、お母さんのおなかの

(1) ――①「そんなふう」とは何を指していますか。文中からひと続きの二文で探《さが》し、はじめとおわりの三字をぬき出しなさい(句読点をふくむ)。

[　　　]～[　　　]

ヒント 指示語はそれより前の部分の内容を指していることが多いよ。

(2) [②]にあてはまる言葉として、最も適切なものを次から選び、記号で答えなさい。

ア だから　イ また
ウ つまり　エ それとも

(　　)

ヒント 接続語を入れる問題は、[　]の前とあとの内容をよく読み、その関係から考えよう。

(3) ――③「こうした産卵場所」とありますが、どんな産卵場所ですか。具体的に説明しなさい。

中にいるように、いつも同じ水温のところでなければ死んでしまいます。浅い瀬では、いつも波立っているために、酸素がたくさん水の中にとけこみます。さらに、川底の砂利のすき間には、淵からいつも水が流れこんでいて、水温が変化しにくくなっています。瀬は、魚たちにとって理想的な産卵場所なのです。

けれども、③こうした産卵場所や魚たちのすみかは、河川《かせん》改修によってどんどんこわされています。確かに、台風や集中ごう雨の多い日本では、こう水を防ぐことは、治水とよばれるたいせつな事業でした。④その重要性は今でも変わりませんが、問題は治水を優先《ゆうせん》するあまり、日本では川の自然が一方的にこわされてきたことです。各地で、両岸も川底もコンクリートで護岸された、コンクリート三面張りの川が増え、自由に曲がって流れていた川は、コンクリートで固められてまっすぐにされてしまいました。大都市など、川のすぐへりまで家が立てこんできて、⑤そういう工事がやむを得ない場合もあります。⑥しかし、そうした場合でも、そこにすむ魚や虫や鳥たちのことを少しでも考えたなら、もっと別な改修方法があったにちがいないと思えることが多いのです。

（小野有五《おのゆうご》「川の自然」 平成十七年度 日本文教出版「小学国語６上」）

（　　　）

(4) ――④「その」が指す内容を、文中から二字でぬき出しなさい。

ヒント どんなことの「重要性」が今でも変わらないのかを、前から探してみよう。

(5) ――⑤「そういう工事」とはどんな工事のことですか。次の あ ・ い にあてはまる言葉を、文中からそれぞれぬき出しなさい。

・川を あ で護岸したり、 い にしたりする工事。

あ（　　　）
い（　　　）

(6) ――⑥「しかし」と同じ意味の接続語を、文中から二つぬき出しなさい。

（　　　）（　　　）

3日 まとめテスト (1)

⬇解答は66ページ

月	日
時間 20分 [はやい15分 おそい25分]	合格 80点
得点	点

1 次の文章を読んで、あとの問いに答えなさい。

「在来種」とはどのような動物かというと、もともとその地に生息していた動物たちのことだ。「〝もともと〟とは、いつの時代からですか？」とよく聞かれるが、基本的には人間と関わりなく、そこで生きているという意味だ。動物の生息域《せいそくいき》は変化しているので、何年前からいたものが在来種で、最近のものが「外来種」だということではない。

［①］、「外来種」とは、人間が（意識的に）持ち込《こ》み、または人間の移動、物資の移動などによって（無意識のうちに）偶然《ぐうぜん》持ち込まれて、居着いてしまった生物を指す。

では、今問題となっている外来種とはどのような動物たちなのだろう。私《わたし》が子どもの頃《ころ》、父親が本州に出張すると、お土産《みやげ》としてカブトムシを持ってきてくれた。嬉《うれ》しくて抱《だ》いて寝《ね》て、夢の中で自分が採集して、興奮《こうふん》しているときに目覚めたこともある。その夢が実現したのは、大学時代に長野県の親戚《しんせき》を訪《たず》ねたときのことだった。

そう、カブトムシは、本来北海道には生息しない生き物だったのである。それが、今では旭山《あさひやま》動物園で見つかるこ

(1) 「在来種」とはどんな動物ですか。文中からぬき出しなさい。(10点)

（　　　　　　　　　　）

(2) ［①］にあてはまる言葉として、最も適切なものを次から選び、記号で答えなさい。(10点)

ア 一方　イ したがって
ウ しかし　エ それとも

（　　）

(3) 筆者が子どもの頃に見た夢はどんな内容でしたか。(20点)

（　　　　　　　　　　）

(4) ――②「目玉」のここでの意味として最も適切なものを次から選び、記号で答えなさい。(10点)

ともあるし、W町では町興《まちおこ》しの②目玉として取り組もうとして話題になっている。子どもの頃の私だったら、嬉しくて、③万歳《ばんざい》と叫《さけ》んでいたかもしれない。同じように、北海道でもカブトムシが採れると喜んでいる人もたくさんいると思う。

　しかし、今の私は不安でいっぱいだ。人の手によって広められたカブトムシが、もともといた昆虫《こんちゅう》の生きている場を奪《うば》ってしまうことになるからだ。自然は、生物の複雑なネットワークだと考えられている。そこにわずかな隙間《すきま》があると、新しい生物が誕生《たんじょう》するのである。そのようにしてそれぞれの地域の自然は保たれている。それを生態系《けい》と言う。カブトムシがその中に無理矢理入ってきてしまうわけだから、北海道のネットワークがその部分破れてしまう。

　初めは、小さなほころびかもしれないが、徐々《じょじょ》にそのほころびが拡大《かくだい》していくかもしれない。もしかしたらカブトムシが入った状態で修復されるかもしれない。ただし、たとえ修復されたとしても、④それはすでに自然が作り出したものではなくなってしまっている可能性がある。

（小菅正夫《こすげまさお》「〈旭山動物園〉革命《かくめい》――夢を実現した復活プロジェクト」）

ア　顔の目の玉。
イ　人からしかられること。
ウ　多くの中から中心となるもの。
エ　先生や主人など目上の人。
（　　）

(5) ――③「万歳と叫んでいた」とありますが、どんな気持ちを表しますか。最も適当なものを次から選び、記号で答えなさい。（10点）

ア　喜び　　イ　誠意《せいい》
ウ　あせり　エ　信用
（　　）

(6) 生態系とは何ですか。次の あ ・ い にあてはまる言葉を、文中からぬき出しなさい。（10点×2―20点）

・自然という生物の複雑な あ を、少しでも隙間があったら い が生まれることで保っている仕組み。

あ（　　）
い（　　）

(7) ――④「それ」とは何を指していますか。（20点）

（　　）

心情を読み取る

↓解答は66ページ

月／日

1 次の文章を読んで、あとの問いに答えなさい。

家に帰ると、郵便《ゆうびん》受けに水色の封筒《ふうとう》が入っていた。とり出してみると、鉛筆《えんぴつ》書きの太い字で「原田《はらだ》優斗《ゆうと》くんへ」と書いてある。裏《うら》がえして見たとたん、胸《むね》でポップコーンがはじけたみたいになった。

佐藤光太《さとうこうた》より。

光太からだ！

①ぼくは封筒をにぎりしめて、エレベーターに飛びのった。家のかぎをあけて、部屋にかけこむ。

部屋では、軽くてリズミカルな音がしていた。ハムスターのペペが、回転車をまわしているのだ。

よかった。ペペは元気だ。

「ペペ、光太から手紙だよ。ポポのことも書いてあるかもしれない」

安心したのも手伝って声をあげると、ペペも、いちだんと速くまわりはじめた。久しぶりにポポの名前をきいたから、きっと喜んでいるのだろう。

うちには二匹《ひき》のハムスターがいた。ペペと、ポポ。ポポの方は、今、光太が飼っている。別れのときに、フェリー

(1) 水色の封筒の差し出し人を見た「ぼく」はどんな気持ちでしたか。最も適切なものを次から選び、記号で答えなさい。

ア おびえる気持ち。
イ うれしい気持ち。
ウ とほうにくれる気持ち。
エ さびしい気持ち。

（　　）

ヒント このときの「ぼく」の気持ちを表している部分を探《さが》し、その気持ちに合うものを選ぼう。

(2) ――①「ぼくは封筒をにぎりしめて、エレベーターに飛びのった。家のかぎをあけて、部屋にかけこむ」とありますが、この行動からわかる「ぼく」の気持ちとして最も適切なものを次から選び、記号で答えなさい。

ア ペペが心配で早く会いたい。
イ 手紙をなくしてはいけない。
ウ 光太の転校が気に入らない。
エ 早く手紙の中身を読みたい。

（　　）

乗り場であげたのだ。

ぼくは、はさみでていねいに封を切った。

〈お元気ですか？　ぼくは元気です。転校して一週間がたちました〉

光太の字は少し角ばっている。いっしょにいたときには、光太がどんな字を書くかなんて気にしたことがなかったから、なつかしいというよりも、いいことを発見したような気分になった。

光太と初めて会ったのは、三年生になる前の春休みだった。引っ越《こ》しのトラックがマンションの前に着いた日に、光太は家族でうちにあいさつに来たのだ。

おばさんのうしろで、光太は恥《は》ずかしそうにうつむいていたけど、ぼくが同い年だと知って顔をあげた。そして、②<u>にこっと笑った</u>。ぼくは笑顔《えがお》をかみしめて、下をむいた。

新学期になると、ぼくらはいっしょに学校へ行くようになった。同じクラスになったからだ。それからは、習い事のプールもいっしょ、子ども会の行事もいっしょだった。

五年生になるときの、クラスがえは忘《わす》れない。先に呼《よ》ばれた光太の名前のあと、息をころして待っていたぼくの耳に、「原田優斗くん」ときこえたときは、胸で大きな花火が広がったようだった。


（まはら三桃《みと》「なみだの穴《あな》」）

(3) 光太からの手紙を大事にしていることがわかる「ぼく」の動作を、文中からぬき出しなさい。

（　　　　）

(4) ――②「にこっと笑った」ときの光太は、どんな気持ちでしたか。次の[あ]にあてはまる言葉を答えなさい。また、[い]はあとから最も適切なものを選び、記号で答えなさい。

・「ぼく」が[あ]だと知って、[い]と思った。

ア 子分ができた　イ 仲良くしたい
ウ ライバルだ　エ お祝いをしたい

あ（　　）　い（　　）

光太が笑ったきっかけを、前の部分から読み取ろう。

(5) 五年生になるときのクラスがえで、光太と同じクラスになったことを「ぼく」が喜んでいることがわかる表現を、文中から十七字でぬき出しなさい。

ヒント　たとえを使って気持ちを表現している部分を探してみよう。

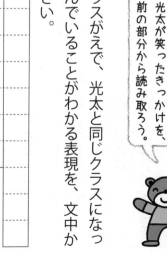

心情の移り変わりをつかむ

月／日

1 次の文章を読んで、あとの問いに答えなさい。

〔昇平《しょうへい》は、幼《おさな》なじみの草太《そうた》が自転車屋の甥《おい》と親しくなり、自転車にくわしくなったことが面白《おもしろ》くなく、自転車で長い坂を登りきれるか勝負しようと持ちかける。〕

「ドン！」

その号令と同時に、昇平はダッシュで飛び出した。傾斜《けいしゃ》の緩《ゆる》いところで勢いをつけ、だんだんきつくなる登り坂に一番軽いギアで突《つ》っ込《こ》んでいく。

スピードはすぐに落ちたが、それまでには随分《ずいぶん》と草太に差をつけることができた。ちらりと振《ふ》り返ると、草太は何メートルも後ろにいる。

どんなもんだと思った。いくら自転車の性能が違《ちが》おうが、自転車屋の甥っ子が草太に味方しようが、自分はこれだけの差をつけることができる。ペダルはだんだん重くなってきたけれど、その登り坂の手応えを自分の力のように感じた。

しばらく走り、もう一度後ろを振り返った。余裕《よゆう》のあるところを見せつけて、草太を悔《くや》しがらせてやろうかと思ったのだ。

↓解答は66ページ

(1) この文章に書かれているできごとと、そのときの昇平の気持ちを次の表にまとめました。[あ]～[う]にあてはまる言葉を、文中からそれぞれ指定の字数でぬき出しなさい。

	できごと	昇平の気持ち
1	草太に差をつける。	↓ 草太より先に登り、余裕を見せて[あ（九字）]。
2	草太の笑顔《えがお》を見る。	↓ 驚き。自分だけ必死になったことが[い（五字）]だ。
3	坂道の半分まで来る。	↓ [う（三字）]と思った。なんとか最後まで登ろう。

あ [　　　　　　　　　]

い [　　　　　]

う [　　　]

「できごと」と「昇平の気持ち」を対応させよう。

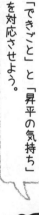

だけど草太は、悔しがってなどいなかった。昇平と目が合った瞬間《しゅんかん》、楽しげに笑いかけてきたのである。

意外だった。驚《おどろ》いた拍子《ひょうし》にハンドルまで揺《ゆ》らいでしまった。

草太は、ただ坂を登ることを楽しんでいる。余裕ぶったり昇平を軽く見たりしてるわけじゃなく、こうして一緒《いっしょ》に走れることを嬉《うれ》しがっている。

勝負だと息巻《いきま》いていたのは昇平だけだったのかもしれない。――考えてみれば、先に坂を登った方が勝ちだと決めたわけでもないのだ。

必死で先を急いでいたことが、なんだか馬鹿《ばか》みたいに思えてきた。そう思った途端《とたん》、自分の息が乱《みだ》れているのに気がついた。

体が熱い。ペダルを踏《ふ》む脚《あし》には最初ほどの力が入らなくなっている。

まだ、坂道の半分くらいまでしか来てはいなかった。先は長いというのに、脚は既《すで》に疲《つか》れはじめている。

やばいと思った。大口を叩《たた》いて坂に挑《いど》んだのに、やっぱり登れませんでしたというわけにはいかないだろう。このまま途中でばてたりしたら、格好悪くて話にもならない。

サドルから腰《こし》を上げ、必死にペダルを踏み込んだ。全身の力をふりしぼろうと、体を左右に振って進んだ。


（竹内《たけうち》　真《まこと》「自転車少年記」）

(2) (1)の表の1の場面からわかる昇平の性格として、最も適切なものを次から選び、記号で答えなさい。
ア 友達思いだが、ささいなことで腹を立てる性格。
イ 負けずぎらいで、自分に自信をもっている性格。
ウ 明るく活動的で、いたずらをするのが好きな性格。
エ 他人をうらやんで落ちこみ、ひがみやすい性格。
（　　）

ヒント 「どんなもんだ」で始まる段落《だんらく》に注目しよう。

(3) (1)の表の2のときの草太の気持ちを答えなさい。
（　　）

(4) (1)の表の3のとき昇平が疲れを感じたのはなぜですか。最も適切なものを次から選び、記号で答えなさい。
ア 草太の笑顔に一瞬《いっしゅん》油断し、このままでは坂も登れず、草太にも負けてしまうと感じたから。
イ それまで昇平を支配していたこだわりが消えて冷静になり、自分の状態に目が向いたから。
ウ 途中までは昇平の力で坂を登れたが、やはり自転車の性能が悪く、最後までもたないから。
エ 草太の楽しげな様子を見て、自転車で坂道を登ることに馬鹿らしさを覚えてしまったから。
（　　）

6日

原因・理由をおさえる

↓解答は67ページ

月　日

1　次の文章を読んで、あとの問いに答えなさい。

〔小学五年生の翔太《しょうた》は、家族全員がそれぞれの事情で留守になるため、秋田に住む親戚《しんせき》の家に行くことになる。〕

大きなプラスチックの弁当箱に、おむすび四個とウィンナーソーセージ、卵焼《たまごや》き、ブロッコリーが入っている。

でも、これらを好きなものから食べてはいけない。この弁当は、昼ご飯と夜ご飯の両方の分だからだ。母さんのメモにそう書いてある。

姉さんたちがいないと、横取りされる心配がないので、落ち着いてご飯が食べられる。大好きな卵焼きも、ほかのおかずも、きっかり半分にしてから食べた。

食べているさいちゅう、①電話の呼《よ》び出し音が鳴った。

また母さんかなと思ったら、違《ちが》った。

「翔、あんた一人で秋田に行くんだって？」

名乗りもせず、いきなり話しだしたのは、一枝《いちえ》姉さんだった。それを知っているってことは、母さんが携帯《けいたい》メールでも送ったんだろう。

「うん。そうだよ」

「一人でそんなに遠くまで行けるの？　②わたし合宿きりあ

(1)　弁当を好きなものから食べてはいけない理由を、文中からぬき出しなさい。

（　　　　）

ヒント　理由を表す文は「から」「ので」がついているよ。

(2)　——①「電話の呼び出し音が鳴った」について、次の問いに答えなさい。

①　だれからの電話でしたか。

（　　　　）

②　①の人物はなぜ電話をかけたのですか。次の□にあてはまる言葉を、文中から八字でぬき出しなさい。

・翔太が□ことを知り、心配に思ったから。

□□□□□□□□

ヒント　だれが、何を心配しているのか読み取ろう。

げて、帰ってあげようか。今日ってわけにはいかないけど、明日なら帰れるよ」

　思いがけない、一枝姉さんの言葉だった。

　翔太は、つい「うん」といいそうになった。一人で秋田に行くのも、知らない人の家で寝泊《ねと》まりするのも、ほんとうのことをいえば、気がすすまない。今の今までは、そうするしかないと思っていたけど、一枝姉さんが帰ってきて、いっしょに家にいられるなら、その方がずっといい。

だけど、「うん」という前に、思いだした。高二の一枝姉さんは、今年が部活にうちこめる最後の年だといっていた。来年は高三なので、受験勉強に励《はげ》むらしい。

　水泳部で専門《せんもん》種目が平泳ぎの一枝姉さんは、

「夏休みの終わりにある大会で、いい成績をあげるためには、今年の夏はガムシャラにがんばらなきゃなんないんだ。合宿では、気合いをいれて練習してくる」

といって、出かけていった。

　それなのに、合宿の途中《とちゅう》で帰ってきたら、水泳部最後の夏なのに、がんばれないことになる。

　翔太はそれを思いだして、

「ううん。だいじょうぶだよ。上野《うえの》駅まで五郎《ごろう》おじさんが連れていってくれるから」

と、ことわった。

（三輪裕子《みわひろこ》「鳥海山《ちょうかいさん》の空の上から」）

(3) ――②「わたし合宿きりあげて、帰ってあげようか」について、次の問いに答えなさい。

① これを聞いてすぐ、翔太はどう思いましたか。最も適切なものを次から選び、記号で答えなさい。

ア できればその通りにしてほしい。

イ 秋田に行けなくなるのはいやだ。

ウ 姉に心配をかけるのはよくない。

エ 姉といっしょに秋田に行きたい。　（　　）

② 翔太はなぜ①のように思ったのですか。理由を答えなさい。

（　　　　　）

(4) 翔太が姉の提案をことわったのはなぜですか。次の[あ]・[い]にあてはまる言葉を答えなさい。

・姉が、今年が[あ]だといっていたのを思いだし、合宿での練習を自分が[い]と思ったから。

あ（　　　　）

い（　　　　）

ヒント 前後の言葉に注意して、つながりに合うように言葉を入れよう。

7日 まとめテスト (2)

月　日

時間 20分〔はやい15分おそい25分〕　合格 80点　得点　点

↓解答は67ページ

1 次の文章を読んで、あとの問いに答えなさい。

〔小学六年生の「私《わたし》」（さえ）はピアノの発表会に向けて補習《ほしゅう》のレッスンを受けることになる。〕

私《わたし》はしぶしぶとレッスンに行き、うんざりしながらみどりちゃんに、そのことを告げた。みどりちゃんは、同情とも哀《あわ》れみともつかない変な表情をして、

「大変だね」

とひとことだけ言った。

しかし、それからしばらくたったある日、みどりちゃんは私に、

「うらやましいよ」

とポツリと言ったのだ。

「えっ、何が」

「ピアノ。レッスン日以外にも、先生から教えてもらえるなんていいなあ……」

私は自分の①耳を疑《うたが》った。

「なんで？　なんでなんで。だって無理やりやらされてるんだよ。あまりにも下手だから、しょうがないからやってるんだよ。先生だって本当はイヤイヤなんだよ」

(1) 補習のレッスンのことを、「私」がどう思っていたかがわかる言葉を、文中の会話文以外から四字で二つぬき出しなさい。（10点×2―20点）

□□□□・□□□□

(2) みどりが「うらやましい」と言ったのはなぜですか。次の□にあてはまる言葉を、「上手」「期待」という言葉を使って答えなさい。（10点）

・先生が、「私」（さえ）に□と感じたから。

（　　　）

(3) ――①「耳を疑った」とはどのような意味ですか。最も適切なものを次から選び、記号で答えなさい。（10点）

ア 聞いたことが信じられなかった。
イ 言われたことがうまく聞き取れなかった。
ウ 言われたことの意味がわからなかった。
エ 聞いたことにいかりを覚えた。

（　　）

(4) 「私」は、先生がみどりに補習をしないのはなぜだと考えていますか。（20点）

（　　　）

「ううん、ちがうよ。さえちゃんには上手になってもらいたいんだよ。期待してるの、先生は。発表会でうまく弾《ひ》けるようにって」

「ちがう。絶対にちがうよ。ねえ、みどりちゃん、ほんとにそんなんじゃないんだよ」

「ううん、お母さんも言ってた。あんたも頼《たの》んで教えてもらいなさいって……」

そんなんじゃないのに……どうして……。私はこのとき本当に、すごい衝撃《しょうげき》を受けた。

みどりちゃんは、みどりちゃんの実力より少し上のランクの曲を発表会で弾く。それは、みどりちゃんならできると先生が確信したからで、補習をしないのは、そんな余計なことをしなくても、みどりちゃんはきちんと家で練習してきて、完璧《かんぺき》に弾けるのがわかっているから。

それなのに、なんでなんだろう。うらやましいなんて。人によってこんなに受けとめ方がちがうなんて。②それはとても怖《こわ》いことで、私はその日みどりちゃんに言われたことが、頭から離《はな》れなかった。自分がこうだと思っていたことが、ほかの人にとってはまったく別の意味を持つ。怖《こわ》いと思った。ものすごい［③］だった。

（椰月美智子《やづきみちこ》「十二歳《さい》」）

＊みどりちゃん＝「私」の同級生で同じピアノ教室の生徒。

(5)「私」はみどりとの会話でどんな気持ちになりましたか。最も適切なものを次から選び、記号で答えなさい。（20点）

ア　レッスン日以外にも先生から教えてほしいだなんて、みどりは自分に比べてピアノが好きなのだと感心した。

イ　補習のことでみどりにねたまれていると知り、これからいやがらせなどをされるかもしれないと怖くなった。

ウ　補習について、みどりは自分の気持ちに同意すると思っていたのに、全くちがうことを言われておどろいた。

エ　本当はみどりも補習なんていやなくせに、うらやましいと言って自分のことをばかにしているのだと思った。

（　　）

(6) ――②「それ」とは何ですか。次の［　］にあてはまる言葉を、文中から九字でぬき出しなさい。（10点）

・同じ物事でも、人によって［　］こと。

［　　　　　　　　　］

(7)［③］にあてはまる言葉として、最も適切なものを次から選び、記号で答えなさい。（10点）

ア　展開《てんかい》　　イ　感動

ウ　恐怖《きょうふ》　　エ　発明

（　　）

段落《だんらく》の構成をつかむ

↓解答は68ページ

月／日

1 次の文章を読んで、あとの問いに答えなさい。

[1] 城《しろ》というと、何といってもそれを象徴《しょうちょう》するのは天守閣《てんしゅかく》でしょう。世界遺産《いさん》にも登録された姫路城《ひめじじょう》の美しい姿《すがた》は有名です。高台にそびえる雄大《ゆうだい》な天守閣は、人びとを圧倒《あっとう》します。では、天守閣はいったい何のためにつくられるのでしょうか。

[2] こんなことを聞かれると、とまどうかもしれません。そんなこと、あたりまえのことではないか。天守閣は敵が攻《せ》めてきたときに、最後にたてこもって戦うところだと。たしかにそういう側面がないわけではありません。とくに天守閣は高いところから敵の動向をさぐるのに便利です。

[3] ところが、敵が天守閣の下まで攻めてきたときには、戦いはもう負けたも同然です。天守閣からの攻撃《こうげき》で形勢が逆転することなど、とても考えられませんでした。敵の動きを知るのであれば、高いところがあればよいのであって、何もそんなところにわざわざ天守閣のような立派《りっぱ》な建物をたてる必要はありません。せいぜい物見櫓《やぐら》を組めば、それでいいはずです。

(1) [1]段落《だんらく》の役割《やくわり》として最も適切なものを次から選び、記号で答えなさい。

ア この文章を書くいきさつ。
イ 話題としていく問題の提起。
ウ これから説明することの結論《けつろん》。
エ ある問題に対する筆者の考え。

（　　）

(2) [1]段落の内容に対する、筆者が予想した読者の反応は、何段落に書かれていますか。段落番号で答えなさい。

（　　）段落

ヒント 「筆者の考える答え」ではなく「筆者が予想した読者の反応」が書かれているところを探《さが》そう。

(3) ――「そんなこと」が指す内容は、何段落に書かれていますか。段落番号で答えなさい。

（　　）段落

4 さらに天守閣はいかに立派な建物でも、そこで生活するわけにはいきません。ときには天守閣の最上階で城下《じょうか》の町をみおろしながら宴会《えんかい》をしたかもしれませんが、そこに料理をはこぶのも大変なら、トイレにいくにもいちいち階下までおりなければならないありさまです。まして階下の各階の住み心地《ごこち》は、けっしてよくありません。天守閣は倉庫としてつかえるぐらいです。

5 では、なぜ、たいして利用価値《かち》がないように思える天守閣を、莫大《ばくだい》な費用をかけてまで建設したのでしょうか。

6 巨大《きょだい》な城は何よりも、殿様《とのさま》の「力」をみせつけます。お城の一角のひときわ高くそびえる天守閣ほど、権力《けんりょく》の偉大《いだい》さを印象づけるものはありません。君主は高台に天守閣をそびえたたせることで、城下の人びとの上に君臨《くんりん》しようとしたのです。大きな権力をほこる殿様ほど、壮大《そうだい》な城を築城したのは、このためです。

（藤《ふじ》田《た》弘《ひろ》夫《お》「人間は、なぜ都市をつくるのか——都市にみる人の生活のうつりかわり」）

(4) 4段落には、どんな内容が書かれていますか。次から選び、記号で答えなさい。

ア それまで出された問題に対して、筆者が考えた答えが書かれている。

イ それまでの内容を受けて、それに対する反対の意見が書かれている。

ウ 前の段落とはちがって、予想される答えへの反論《はんろん》が書かれている。

エ 前の段落に続いて、予想される答えへの反論がさらに書かれている。

（　　）

ヒント 4段落の初めの「さらに」という接続語の意味からも考えよう。

(5) この文章の結論は、何段落に書かれていますか。段落番号で答えなさい。

（　　）段落

(6) この文章を内容の上から段落分けすると、どのようになりますか。最も適切なものを次から選び、記号で答えなさい。

ア 1―2―3 4―5―6

イ 1 2―3―4 5 6

ウ 1 2 3―4―5 6

エ 1―2―3 4 5―6

（　　）

主題を読み取る

↓解答は68ページ

月　日

1 次の文章を読んで、あとの問いに答えなさい。

[1] 陸地のなかには湿地《しっち》のように熱帯林と同等に生産性の高い場所があります。湿地には水があり、その上空は一般《いっぱん》的に開けているのですが、これらのことは、光合成の材料である水と二酸化炭素がふんだんに供給《きょうきゅう》されると同時に、エネルギー源《げん》である太陽光がさんさんと降《ふ》り注ぐこと、そして光合成という酵素《こうそ》反応に必要な温度条件が良いことを意味しています。だから生産性が高いのです。

[2] これでわかると思いますが、生産性の高い生態系《けい》こそ、いま、保全すべき場所として取りざたされている生態系だということです。（中略）

[3] ここまで、植物は生産者、われわれ動物は消費者ということで話を進めてきましたが、動物も、あるいはバクテリアも、ある意味で生産をしています。わかりやすい例をあげましょう。昨晩《さくばん》、私《わたし》がすき焼きを食べたとします。そうしたら、今日の私の筋肉《きんにく》はウシの筋肉でしょうか？　違《ちが》いますね。ちゃんとしたヒトの筋肉になっているはずです。言い換《か》えると、「①ヒトはウシの肉をもとに、ヒトの肉を生産しています」。詳《くわ》しく説明すると、われわれは牛肉を食べ

(1) 何について書かれた文章ですか。次の[　　]にあてはまる言葉を答えなさい。

・植物や動物の行う[　　]について。　（　　　　）

ヒント くり返し出てくる言葉に注目しよう。

(2) ——①「ヒトはウシの肉をもとに、ヒトの肉を生産しています」とありますが、この「生産」と同じ意味で、ウシの肉をヒトの肉に変えること以外に挙げられている例を二つ答えなさい。

・（　　　　）を（　　　　）に変える。

・（　　　　）を（　　　　）に変える。

(3) [②]にあてはまる言葉として最も適切なものを次から選び、記号で答えなさい。

ア いてもいなくてもいい生物といえます

イ 暮《く》らしの中に必要な生物であります

ウ 非常に美味しい食材とされています

ると、それを各種アミノ酸に分解し、それらをヒトの筋肉タンパク質に再合成しているのです。この生産のことを、植物がおこなう基礎《きそ》生産である一次生産に対して、「二次生産」と呼《よ》んでいます。

4 ウシは草を食います。そして、ウシは草を牛肉に変えてくれます。だから、私たちは美味《おい》しい牛肉を食うことができるわけです。池の食物連鎖《れんさ》を思い出してください。コイはミミズを食います。コイはそのことにより、ミミズの肉をコイの肉に変えてくれるのです。コイの肉は美味しいものですが、ミミズは私たちにとって、［②］。人とミミズの間にコイが＊介在《かいざい》することにより、私たちは人らしい食生活を営むことができるのです。

5 人は昔から、害虫、益虫《えきちゅう》などと呼んで、生物を人間の役にたつものとそうでないものとに＊峻別《しゅんべつ》してきました。しかし、③右記のような見方でこの世の中をみると、一見、私たちの生活に関係なさそうにみえる生物が実は大きな意味をもっている可能性があることを認識《にんしき》させられます。（中略）うるさい虫、どうでもいい虫が、実は私たちの生活に欠かせない可能性があると考えざるを得ないのです。

（江崎保男《えざきやすお》「生態系ってなに？」）

＊介在＝二つのものの間にあること。
＊峻別＝厳《きび》しく区別をすること。

エ とても美味しいとはいえない代物《しろもの》です　（　　）

ヒント 人はコイを食べるけれど、ミミズを食べることはないことから考えよう。

(4) ――③「右記のような見方」が指す内容は、何段落《だんらく》に書かれていますか。段落番号で答えなさい。
（　　）段落

(5) 筆者の主張は、何段落に書かれていますか。段落番号で答えなさい。
（　　）段落

(6) この文章の主題として、最も適切なものを次から選び、記号で答えなさい。

ア 生物が食べたものを分解して再合成し、自分の肉とする二次生産を行うのは不思議だ。
イ どこでどの生物が人間の役に立つかわからないので、むやみに自然をこわしてはいけない。
ウ 美味しいものを食べたいならば、その美味しいものが食べるものを生産しなくてはいけない。
エ 役にたたないと思える生物でも、二次生産によって人間の生活を支えていることがある。
（　　）

結《けつ》論《ろん》をつかむ

⬇解答は69ページ

月　日

1 次の文章を読んで、あとの問いに答えなさい。

日本ではいま大豆がひじょうに不足しています。大豆の自給率は二%にもならないぐらいで、海外にほとんどを依《い》存《そん》しているのです。そのため、大豆を原料とする醤油《しょうゆ》や味《み》噌《そ》、豆腐《とうふ》、納豆《なっとう》の製造者が、原料不足になって困《こま》っています。

一方、日本には休耕田*があります。米離《こめばな》れしたからという理由で、①国は米づくりをやめた稲作《いなさく》農家に生活保障《ほしょう》のような意味でお金を支給しているのです。何もせず、米をつくらない農家がお金をもらえて豊かになるなどというのもちょっと不思議な話ですね。

そこで、私《わたし》たちがいま主張しているのは、休耕田に［②］をつくることです。日本には休耕田や耕作放棄《ほうき》農地は約四〇万ヘクタールもあり、埼玉《さいたま》県とほぼ同じ広大な面積をしめています。そこに大豆をつくることをすすめています。

かつては、中国から日本に大豆が大量に入っていました。ところが、中国国内で健康志向の食への関心が高まってきて、大豆を大量に食べるようになったため、四年くらい前

(1) 何について書かれた文章ですか。次の［　］にあてはまる言葉を、文中からぬき出しなさい。

・日本で大豆が［　］していることについての文章。

（　　　）

(2) ——①「国は米づくりをやめた……支給している」とありますが、このことについて、これよりあとの段落《だんらく》で、どのように評価していますか。文中から五字でぬき出しなさい。

ヒント ——①と同じことを述べている部分を探《さが》そう。

(3) ［②］にあてはまる言葉を、文中から漢字二字でぬき出しなさい。

ヒント 同じ段落の最後の一文に注目しよう。

(4) ——③「いま大豆はアメリカやカナダ、さらに南米からも輸

から中国からほとんど大豆が入らなくなり、逆にその中国はいまや大豆の大量輸入国になってしまいました。これはたいへんだということで、③いま大豆はアメリカやカナダ、さらに南米からも輸入しています。

　しかし、いつまでも大豆を海外に頼《たよ》れるかというと、（中略）世界的な異常《いじょう》気象がおきていて、安定的な生産は保証できません。そういうことからも、自分たちでつくらなければ、最終的には大豆がなくなることも十分に考えられます。

　日本の食文化の原点の一つは大豆です。味噌、醤油は大豆がなければできませんから、大豆がなくなると日本の調味料の原点が失われることになります。同時に納豆や豆腐もなくなってしまいます。だから、日本人本来の食べもの、つまり和食を中心とした民族の食が消えてしまうわけです。④そういうことも考えると、「みんなで休耕田に大豆をつくろう」ということを早く実行しないといけません。「米離れしたから、米をつくらない稲作農家にはお金を出します」というようなばかなことをするのでなく、休耕田で大豆をつくらせて「一定の大豆をつくったら、お金を出します」というように切りかえることが必要ではないでしょうか。

（小泉武夫《こいずみたけお》「いのちをはぐくむ農と食」）

＊休耕田＝米をつくらなくなった田のこと。

入しています」とありますが、なぜですか。次の□にあてはまる言葉を答えなさい。

・それまで大豆を輸入していた中国から□。

（　　　　）

(5) ——④「そういうこと」とは何を指していますか。次の[あ]・[い]にあてはまる言葉を、文中からぬき出しなさい。

・大豆は日本の食文化の[あ]の一つなので、大豆がなくなれば日本の民族の[い]が消えるということ。

あ（　　　）　い（　　　）

(6) この文章の結論《けつろん》として、最も適切なものを次から選び、記号で答えなさい。

ア 大豆は世界中で注目を集める食材になりつつあるので、休耕田でつくって輸出すべきだ。

イ 大豆は日本人の食生活にとって必要なものなので、大豆をつくっている農家を保護すべきだ。

ウ 大豆が日本でつくられていないことは大きな問題であり、休耕田で大豆をつくるべきだ。

エ 日本の米離れは仕方がないが、大豆離れになることはないので、米より大豆をつくるべきだ。

（　　）

11日

要点をまとめる

月　日

1 次の文章を読んで、あとの問いに答えなさい。

[1] 緑化を進め、＊黄砂《こうさ》を抑《おさ》える研究自体が、現地の人々や研究員たちにまだ理解されていませんでした。

「昔から、こうなのです」

[2] 黄砂はあって当たり前のもの、という考えが現地の人たちにはありました。黄砂が飛んできても別段《べつだん》大した問題じゃない。中国の研究者たちにも、黄砂を抑える研究そのものが、必要かどうか疑問視《ぎもんし》されていたのです。

[3] 問題は「慣れてしまうこと」にありました。黄砂はいつでもあるものだという慣れです。二〇〇〇年もの間、黄砂が飛散し続けたその地に住んでいた人にとっては、しかたのないことかもしれません。

（中略）

[4] 車に乗っていても、粒《つぶ》の細かい黄砂はどんな隙間《すきま》からでも入ってきます。車の中にいても、目や鼻や口を押《お》さえていなければなりません。耳にも入ってきます。

[5] そこに住んでいる人々も外に出られません。外の仕事はできないのです。黄砂の影響《えいきょう》は農業を営む人々に被害《ひがい》を与《あた》えるだけではありません。黄砂の砂嵐《すなあらし》は強風を伴《ともな》うことが

⬇解答は69ページ

(1) 文章を内容から次のように分け、それぞれに見出しをつけます。見出しの（　）にあてはまる言葉を、文中からぬき出しなさい。

① [1]～[3]段落《だんらく》
見出し―（　　　）を抑えることに対する現地の人の反応

② [4]～[6]段落
見出し―（　　　）の被害と反応

③ [7]段落
見出し―（　　　）の広がり

④ [8]・[9]段落
見出し―「（　　　）」の怖さ

ヒント それぞれのまとまりの中から、中心となる言葉をぬき出そう。

(2) [3]段落の要点をまとめた次の□にあてはまる言葉を答えなさい。

・黄砂は□という慣れが問題である。

（　　　）

多く、高い鉄塔《てっとう》さえも建てられなくしています。

6 それでも、人々は黄砂の吹《ふ》く日、

「今日の天気はよくない」

としかいいません。黄砂で空が真っ暗になっても、いつものことだからしかたがない、で済《す》ませてしまうのです。

7「慣れ」とか「我慢《がまん》」で済まされるものではありません。そして、世界的な砂漠《さばく》化は一秒間に一九〇〇平方メートルの割合《わりあい》で進んでいるのです。一九〇〇平方メートルとは、だいたい小学校の体育館の二棟《にとう》分になります。地球上で毎秒、その広さが砂漠になっていっています。一時間で六八四万平方メートル＝六・八四平方キロメートルが砂漠になります。四五分授業が終わったら、もう小学校の周囲が砂漠になっていたという計算です。

8「慣れ」というものが怖《こわ》く思えてきました。ただ耐《た》える「慣れ」でいいのでしょうか。「慣れ」が「□」から来るのでしたら、悲しいことです。

9 何か人の生き方まで考えさせられます。「慣れ」は真実を追求することもなく、理想を追うことも止《や》めてしまった生き方なのかも知れません。

（高橋秀雄《たかはしひでお》「黄砂にいどむ―緑の高原をめざして」）

＊黄砂＝中国で黄色の砂が上空に巻《ま》き上げられ、飛散する現象。

(3) □にあてはまる言葉として、最も適切なものを次から選び、記号で答えなさい。

ア 弱気　イ きょうふ

ウ 不安　エ あきらめ

（　　）

(4) この文章の要点をまとめたものとして、最も適切なものを次から選び、記号で答えなさい。

ア 世界に砂漠はみるみる広がっているというのに、中国の人は黄砂を抑えることが必要だとは思っていない。教育が必要である。

イ 黄砂は長年人々の生活の一部として存在してきた。その土地の人々には、多少不便でも黄砂は必要なものなのである。

ウ 砂漠を緑化することは地球環境《かんきょう》にとって大切だが、黄砂に慣れた人たちにはそのことが理解されていない。慣れとは怖いものだ。

エ 黄砂の近くの人が黄砂に慣れることは生きていくうえで必要だったのだろう。しかし我慢しなくてもよい時代になったのだ。

（　　）

12日 まとめテスト(3)

時間 20分 [はやい15分・おそい25分]　合格 80点　得点　点

月　日

↓解答は70ページ

1 次の文章を読んで、あとの問いに答えなさい。

1 歴史の勉強をすると、「出来事Aがあったために、出来事Bがその後に起きた」というふうに書いてあります。歴史的事件はまるで因果関係に基《もと》づいて整然と配列されているかのようです。けれども、ほんとうにそうなのでしょうか。というのは、私《わたし》たちの世界で今起きている出来事の多くは「そんなことがまさか現実になるとは思いもしなかったこと」だからです。

2 例えば、第二次世界大戦が始まる前に、ヨーロッパ*はいずれフランスとドイツを中心とした国家連合体になり、パスポートも国ごとの通貨もなくなるだろうと予測していた人はほとんど存在《そんざい》しませんでした。同じように、太平洋《たいへいよう》戦争が始まった頃《ころ》に日米の緊密《きんみつ》な同盟《どうめい》関係が戦後の日本外交の基軸《きじく》になると予見していた人もほとんど存在しませんでした。

3 でも、「そういうこと」がいったん現実になってしまうと、みんな「そういうこと」が起こるのは必然的であったというようなことを言います。

4 でも、歴史上のどんな大きな事件でも、それを事前に予

(1) ――「ほんとうにそうなのでしょうか」とありますが、筆者はどのようなことに疑問《ぎもん》をもったのですか。(20点)

(　　　　)

(2) 6段落《だんらく》の要点を次のようにまとめました。□にあてはまる言葉を、七字以内で答えなさい。(20点)

・未来は□ものではない。

(3) この文章を内容の上から段落分けすると、どのようになりますか。最も適切なものを次から選び、記号で答えなさい。(20点)

ア [1]―[2 3 4]―[5 6 7 8]―[9]
イ [1 2 3 4]―[5 6]―[7 8 9]
ウ [1 2]―[3 4 5 6]―[7 8]―[9]
エ [1 2 3]―[4 5]―[6]―[7 8 9]

(　　)

見できた人はいつでもほとんどいません。

5 同じことが未来についても言えるだろうと私は思います。

6 私たちの前に広がる未来がこれからどうなるか、正直言って、私にはぜんぜん予測ができません。わかっているのは「あらかじめ決められていた通りのことが起こる」ということは絶対にないということだけです。後になってから「きっとこうなると私ははじめからわかっていた」と言う人がいても（たくさんいますが）、私はそんな人の話は信じません。

7 未来はつねに未決定です。

8 今、この瞬間《しゅんかん》も未決定なままです。

9 一人の人間の、なにげない行為《こうい》が巨大《きょだい》な変動のきっかけとなり、それによって民族や大陸の運命さえも変わってしまう。そういうことがあります。歴史はそう教えています。誰《だれ》がその人なのか、どのような行為がその行為なのか。それはまだ私たちにはわかりません。ということは、その誰かは「私」かもしれないし、「あなた」かもしれないということです。

（内田《うちだ》　樹《たつる》「邪悪《じゃあく》なものの鎮《しず》め方」）

＊ヨーロッパは……通貨もなくなる＝現在ヨーロッパにはEU《イーユー》といって、ヨーロッパ統一を目指す組織があり、加盟《かめい》国のほとんどでは同じ通貨を使い、行き来がしやすくなっている。EUの中心はフランスとドイツだが、第二次世界大戦では、フランスとドイツは敵同士だった。

(4) この文章の構成として、最も適切なものを次から選び、記号で答えなさい。(20点)

ア 初めに筆者の考えを述べてから、例を挙げて別の考えをしょうかいしている。

イ 初めに問題を提起し、例を挙げて説明したあとで、結論《けつろん》を述べている。

ウ 問題と予想される答えを出し、それに反論する形で結論を述べている。

エ 具体例を出して読者に考えさせてから、その問題と結論を述べている。

（　　）

(5) この文章の結論として、最も適切なものを次から選び、記号で答えなさい。(20点)

ア 過去のことを考えても今さら仕方がないので、同じ考えるなら未来について想像したほうがよい。

イ 過去に何があったかによって未来が左右されるので、過去の出来事についてよく知るべきだ。

ウ 未来はどうなるかわからないので、自分自身が未来の出来事にえいきょうする可能性もあるのだ。

エ 未来の地球の運命を大きく変えることがないように、なにげない行為にもよく注意するべきだ。

（　　）

月　日

1 次の文章を読んで、あとの問いに答えなさい。

〔「わたし」は、音楽会で木琴《もっきん》を担当《たんとう》することになった。〕

「こら！　男子たち、①練習の時間でしょ。いつまでも遊んでるんじゃない！」

こええ、と思わず身を縮《ちぢ》める。こいつ、やっぱり迫力《はくりょく》あるな。けれど、優美《ゆみ》は、

「あたしだって、サッカーやりたいんだから」

とつぶやいたのだけれど。

こんなふうに堂々としていて何でもできると、さぞかし毎日が楽しいだろうと思って、しげしげと優美を見ていたら、何？　というふうににらみつけられた。

第一回目の練習はさんざんだった。だいたいわたしは楽《がく》譜《ふ》が苦手なのだ。

合奏《がっそう》の指揮《しき》は＊紀香《のりか》がやる。

「はい！」

と、棒《ぼう》を振《ふ》りながら合図をしてくれて、そのタイミングで小太鼓《こだいこ》とわたしの木琴が、トットロットットーロと入るのだけれど、必ず一拍《いっぱく》遅れる。おもしろいように正確に遅れると感心したのは、わたしだけのようだった。

⬇解答は70ページ

(1) ①「練習の時間」とありますが、何の練習ですか。次の□にあてはまる言葉を答えなさい。

・□で行う合奏の練習。

（　　　　）

(2) ②「こいつ」とはだれのことですか。

（　　　　）

(3) 優美の性格として、最も適切なものを次から選び、記号で答えなさい。

ア おこりっぽいが根はやさしくて友達思いの性格。

イ 責任感が強くて言うべきことをはっきり言う性格。

ウ 常に自分のしたいようにふるまうわがままな性格。

エ リーダーシップがありみんなからしたわれる性格。

（　　）

(4) 「わたし」の優美への思いとして、最も適切なものを次から選び、記号で答えなさい。

ア 親しみは感じられないが、尊敬《そんけい》できる部分はある。

イ 何でもできるのがうらやましく、あこがれている。

（　　）

「もう、しっかりしてよ。それに音が悪いな」

優美がつかつかと歩み寄ってきて、なんと片手《かたて》に二本ずつバチをとり、上手に四本のバチでみごとなトレモロ*。すばらしい音色。拍手《はくしゅ》したくなった。おまえが代わりにやってくれ、といいたいが、②こいつはピアノを弾《ひ》くんだった。


「音楽会で、木琴叩《たた》くんだ」

わたしは*デンさんに報告した。

「弾《ひ》く、だろ」

と、そっけない。カンドー薄《うす》くないか？　けっこう目立つんだぞ、と思った。すぐに、何を考えてんだ、いやがっているのに、と自分で呆《あき》れる。

「あたし、リズム感よくないし、木琴なんて小さい子ども用の一列のしか知らなかったし。すごいよ、二列だよ。半音があるんだよ、うんざりだよ。バチだって四本だよ」

といいながら、木片《もくへん》で、トットロットットーロと板を叩く。

「木琴は木だぞ。木、好きなんだろ」

「そうか……」

あれは木なんだ。ほんの少し、③木琴がわたしに近づいてきた気がした。


（濱野京子《はまのきょうこ》「木工少女」）


*紀香＝「わたし」が担任教師につけたあだ名。

*トレモロ＝二音を反復して演奏《えんそう》すること。

*デンさん＝木工職人。「わたし」が通う工房《こうぼう》の持ち主。

ウ　頭はいいが、人のことをばかにする態度がよくない。
エ　自分のよさを認《みと》めてくれないから、仲良くはなれない。
（　）

(5) ―③「木琴がわたしに近づいてきた気がした」のは、なぜですか。次の[あ]・[い]にあてはまる言葉を答えなさい。
・デンさんに指摘《してき》されて、木琴が自分が[あ]な[い]でできていることに気づいたから。
あ（　）　い（　）

(6) この文章では主人公が「わたし」と「あたし」を使っています。「わたし」と「あたし」の使い分けの説明になるように、次の[あ]・[い]にあてはまる言葉を、あとから一つずつ選び、記号で答えなさい。
・「わたし」は[あ]の中で使われており、「あたし」は[い]の中で使われているというちがいがある。
ア　地の文　イ　心情の表現
ウ　会話文　エ　情景の表現
あ（　）
い（　）

ヒント 「わたし」と「あたし」という言葉に丸をつけて、どこで使われているか考えよう。

1 次の文章を読んで、あとの問いに答えなさい。

雲の切れ目から太陽が、オレンジの光を放っている。

痛《いた》みを感じて、望果《もか》は両手を開いた。①左手薬指の下にあるマメが赤くふくらんでいる。それでもやめるわけにはいかなかった。できるまで、もう学校に行きたくない。

両手で鉄棒《てつぼう》をつかんで、反動をつけて逆上がりをしようとした。けれど、おしりが上がりきらない。途中《とちゅう》で力つきて、ドタッと着地してしまう。地面はぬかるんでいて、スニーカーがぐにゅっと土にめりこむ。

「望果。」

自分を呼《よ》ぶ声が聞こえて、望果はハッと顔を上げた。葉《よう》太《た》だ。迷うことなく、まっすぐこの公園へ入ってくる。

望果は目をそらして、足首にはねた土をはらった。

「なんだ、葉太か。なんの用だよ。」

「なにしてんの。」

「そっちこそ。」

「望果の家に行こうと思って。」

「なんでよ。」

この公園をはさんで、ふたりの家は徒歩三分の距離《きょり》にあ

↓解答は71ページ

(1) ――①「左手薬指の下にあるマメが赤くふくらんでいる」とありますが、なぜマメがふくらんでいるのですか。次の□にあてはまる言葉を答えなさい。

・鉄棒で□の練習をしていたから。

（　　　　）

(2) 葉太と望果が出会ったときの二人の態度のちがいがわかる一文をそれぞれ探《さが》し、はじめの五字を答えなさい。

葉太 □□□□□

望果 □□□□□

ヒント 二人がどのように行動しているかを考えよう。

(3) 望果が、葉太に対して素直になれずについきつくあたってしまっていることがわかるひと続きの二文を探し、はじめとおわりの五字を答えなさい（句読点をふくむ）。

□□□□□ ～ □□□□□

月　日

る。だから、低学年の頃《ころ》はよく行き来していたけれど、四年生の終わりあたりから、そういうこともなくなっていた。

「早退したからお見舞《みま》い来たっていうんなら、超《ちょう》メイワク。」

「え。」

「女子のお見舞いは女子、男子のお見舞いは男子。男子が女子んちに気軽に来るな。」

もう少しやわらかいいい方をしたほうがいいのに、と望果のなかで抗議《こうぎ》する声が聞こえる。でも、口が勝手にそうしゃべってしまうのだ。

（中略）

「で、逆上がりがどうしたの？」

と、葉太が先をうながす。

「できなくなったんだ。」

「あらま。」

なにその軽い返事。望果はじろっと葉太をにらんで、近くのベンチに移動した。②葉太はあわてていいたす。

「だって、べつに鉄棒ができなくたって問題ないよね？高学年は、もう逆上がりのテストなんてないしさ。」

「でも、今までできてたことができなくなるって、イヤなもんだよ。」

葉太は、ベンチの反対側のはしっこにすわった。望果はふう、とため息をついた。

（吉野《よしの》万里子《まりこ》「ひみつの校庭」）

(4) ――②「葉太はあわてていいたす」とありますが、葉太があわてたのはなぜですか。理由として最も適切なものを次から選び、記号で答えなさい。

ア 鉄棒ができなくても困《こま》らないと伝えたかったから。

イ 鉄棒ができないことを、うっかりばかにしたから。

ウ 自分の返事のせいで望果がおこったようだったから。

エ 困っている望果のことをかわいそうだと思ったから。

（　　）

ヒント 直前の葉太と望果の様子を確かめよう。

(5) 望果は、なぜ鉄棒の練習をしていたのですか。次の［あ］・［い］にあてはまる言葉を、文中からぬき出しなさい。

・今まで［あ］ができなくなることが、［い］だったから。

あ（　　）

い（　　）

(6) 葉太が望果にえんりょをしていることがわかる行動を、文中からぬき出しなさい。

（　　）

1 次の文章を読んで、あとの問いに答えなさい。

〔あかり、由香《ゆか》、桃子《ももこ》は仲良しでも親友でもない「悪友」。小学校生活最後の思い出に「フツーじゃないこと」としてチアダンスをすることを決め、大学生のヒサダさんから指導を受けている。〕

ちょっと声をかければすぐに集まって、助け合って、［①］と楽しい時間を過ごす。

それは、まさにあかりにとって、理想の関係だった。

きっと、ヒサダさんはこういう友だちがいるから、強くたくましくいられるのだろうと思った。そして、私《わたし》にもいつかこういう親友ができるかなあと思った。

それなのに、ヒサダさんはいった。

「あかりちゃんも、由香ちゃんや桃子ちゃんと、大人になってもずっと仲良しでいられるといいよねー」

②「えーっ」

思わず、自分でも驚《おどろ》くほど大きな声がでてしまう。

「私たちは、無理ですよぉ」

「どうしてそんなふうに思うの？」

「だって、私たち、仲良しってわけじゃないし」

⬇解答は71ページ

(1) ［①］にあてはまる言葉として最も適切なものを次から選び、記号で答えなさい。

ア わいわい　イ さくさく

ウ はるばる　エ はらはら

（　　）

(2) あかりはヒサダさんをどんな人だと思っていますか。

（　　　　　　　　）

(3) ──②「えーっ」とあかりが言った理由として最も適切なものを次から選び、記号で答えなさい。

ア 由香や桃子は悪友でしかないし、何も知らないはずのヒサダさんが二人のことを知っていたから。

イ 自分もいつか親友ができるといいと思っていたのに、悪友である二人の名をヒサダさんに出されたから。

ウ 自分には親友がいないのに、すでに関係の終わった二人の友人を親友だとヒサダさんに言われたから。

エ 声をかければすぐに集まり、助け合える関係の友人があかりはほしいのに、由香と桃子はちがうから。

（　　）

月　日

「でも、いっしょに、思い出つくろうとしてるじゃない。大変な思いして、チアダンスしてるじゃない」

「それは、由香がドイツにいっちゃうっていうから……」

そう、それでもこうして三人そろってやっているのは、由香がいなくなるからだ。

「だから、由香のためにやってあげなきゃって感じで……」

しかも、由香がいなくなったら、あかりと桃子は、悪友をやめてただのクラスメイトになる約束をしている。大人になってまでつづくどころか、三人の関係がおわる時は、もうすぐ目の前にせまっているのだ。

「③それだけかなあ」

すると、ヒサダさんは首をかしげてつづけた。

「それだけで、こんな大変なことするかなあ」

あかりは返事ができなかった。

そして、ヒサダさんも、それ以上はしつこくきいてこなかった。

あかりは、ホッとして窓《まど》の外を見た。雨がすっかりやんだ群青色《ぐんじょういろ》の空に、鮮《あざ》やかなオレンジ色に染《そ》まった雲がうすーくのびている。

こっちまで明るく照らしてくれるような見事な夕焼けってわけではないけれど、眺《なが》めていると④やけに心に染《し》みる夕焼けだ。

（草野《くさの》たき「グッドジョブガールズ」）

あかりは、由香や桃子のことを親友とは考えていないよ。

(4) ③「それだけかなあ」と言ったヒサダさんは、あかりたちについてどんなふうに思っているのでしょうか。最も適切なものを次から選び、記号で答えなさい。

ア　あかりたちを見ていると、小学生のころを思い出す。

イ　あかりはまだ幼《おさな》いから、友人の大切さがわからない。

ウ　本当は三人とも、おたがいを大切に思っているはずだ。

エ　小学生のときに親友に出会えるなんて、うらやましい。

（　　）

(5) ④「やけに心に染みる夕焼け」とありますが、この情景は何を表していますか。次の□にあてはまる言葉として最も適切なものをあとから選び、記号で答えなさい。

・三人の友情が□としたものであること。

ア　うつうつ　　イ　うきうき

ウ　こんこん　　エ　しみじみ

（　　）

ヒント　夕焼けから感じられる様子を思いうかべよう。

↓解答は72ページ

月　日

1 次の文章を読んで、あとの問いに答えなさい。

祖母の死顔《しにがお》は美しかった。

葬儀《そうぎ》の祭壇《さいだん》に、祖父は若《わか》い時分の祖母の写真を飾《かざ》った。

①おとうさん、いくらなんでもそりゃないでしょうと父が言い、②祖父は答える間もなく父の頭を額縁《がくぶち》の角で張り倒《たお》した。

のちに、その写真は祖父が大借金をして祖母を深川《ふかがわ》から迎《むか》えたときの、記念の一枚なのだと母に聞かされた。

写真の中の祖母はまだ二十代の若さだろうか。髪《かみ》を＊かたぎの＊耳隠《みみかく》しに結《ゆ》った、映画女優《えいがじょゆう》そこのけの美しさだった。

ネガもないその古写真を、父は暗室にこもって見ちがえるように甦《よみがえ》らせた。

引き伸《の》ばされ、セピア色をすっかり除《のぞ》かれた写真を手にして、祖父は初めて「いい③□だな」と、婿養子《むこようし》を褒《ほ》めた。

出棺《しゅっかん》の朝、僕《ぼく》には④どうしてもやらなければならないことがあった。

家じゅうを埋《う》めつくしていた白菊《しらぎく》の花が、祖母には似合わないと思ったのだ。それで朝早くから自転車であちこち

(1) ――①「おとうさん、いくらなんでもそりゃないでしょう」と父が言ったのはなぜですか。次の□にあてはまる言葉を答えなさい。

・なくなったときよりずいぶん□写真だから。

（　　　）

ヒント 祖父がどんな写真を飾ったかおさえよう。

(2) ――②「祖父は答える間もなく父の頭を額縁の角で張り倒した」理由として最も適切なものを次から選び、記号で答えなさい。

ア 父のことを前からよく思っていなかったから。
イ 妻がなくなった悲しみをぶつけたかったから。
ウ 気に入らないとすぐになぐる性格だったから。
エ 妻との思い出の写真を否定《ひてい》されたと感じたから。

（　　　）

を走り回って、花を探《さが》した。

桃《もも》の花か菜の花と言うと、どこの花屋でも笑われた。幼《おさな》い僕は、花の季節を知らなかった。

渋谷《しぶや》まで行けばあるかもしれないと思い、懸命《けんめい》に自転車を漕《こ》いだ。東急《とうきゅう》文化会館の一階の花屋で、時ならぬ菜の花を見つけた。冷蔵庫の中に収《おさ》まっていたのだから、造花ではなかったと思う。あるいは菜の花に似た、べつの洋花だったのかもしれないが。

ともかく僕は小遣《こづか》いをはたいてそれを買い、汗《あせ》みずくで溜池《ためいけ》通りを走って帰った。

出棺の時刻《じこく》だった。行方《ゆくえ》不明の孫を頭ごなしに叱《しか》りつけようとして胸《むね》に抱《だ》いた花束に気付き、祖父はほいほいと声を上げて泣いた。

祖父にとっても、思い出深い花だったのだろうか。それとも祖母にふさわしい花だと思ってくれたのだろうか。

「桃の花も探したんだけど、なかったよ」

と、僕は言った。

棺の中に菜の花を入れたとき、桃の花が見つからなかったことを、祖母にすまないと思った。

（浅田《あさだ》次郎《じろう》「霞町《かすみちょう》物語」）

＊かたぎ＝生活がまっとうである人。

＊耳隠し＝大正時代に流行した女性の髪形。ウェーブをかけた髪で耳を隠し、後ろで小さくまとめた。

(3) ［③］にあてはまる言葉として、最も適切なものを次から選び、記号で答えなさい。

ア 肩《かた》　イ 腕《うで》

ウ 腹　エ 手　（　　）

(4) ――④「やらなければならないこと」について、次の問いに答えなさい。

① それはどんなことですか。

（　　）

② なぜそう思ったのですか。次の［　］にあてはまる言葉を、文中からぬき出しなさい。

・飾られている花が［　］と思ったから。

（　　）

ヒント 「飾られている花」とは何のことか読み取ろう。

(5) 「僕」が花屋で笑われたのはなぜですか。

（　　）

(6) 帰ってきた「僕」を見た祖父の感情がわかる行動を、文中から十三字でぬき出しなさい。

17日 随《ずい》筆《ひつ》を読む (1)

1 次の文章を読んで、あとの問いに答えなさい。

小学校から大学一年生まで、弁当を持って学校に通っていた。給食というものを食べたことがない。

私《わたし》はたいへんな＊偏食《へんしょく》児童だったので、作るほうはたいへんだったと思うが、記憶《きおく》にあるのは色鮮《いろあざ》やかな、好きなおかずの多い弁当ばかりで、しかも、別容器につねにデザートがあった。が、これは私の①記憶の美化でもある。大人になってから、母に言われたことがある。「おかあさん、私のお弁当だけ真っ茶色で格好悪いってあんたが言うから、色づかいにはそりゃあ気を配ったのよ！」「みんなのお弁当にはフルーツが入っているのに私のには入ってないってあんたが言うから、毎週毎週バスに乗って旬《しゅん》の果物を買いにいってたの！」

ちなみに、バスに乗って云々《うんぬん》というのは、私の家はたいへんな田舎《いなか》にあり、歩いていける範囲《はんい》に果物専門《せんもん》店やスーパーマーケットがなかったのである。

母はたいへんな負けず嫌《ぎら》いだったのだと思われる。弁当について、子どもにいっさい口出しされたくなかったのだろうし、ほかの児童たちの美しい弁当に負けたくなかった

(1) ――①「記憶の美化」とはどういうことですか。最も適切なものを次から選び、記号で答えなさい。 ⬇解答は72ページ

ア ふだんは真っ茶色で格好悪い弁当だったが、たまに作るきれいな弁当だけを覚えているということ。

イ 色鮮やかで好きなものが多く、デザートもあるという理想の弁当を記憶に置きかえているということ。

ウ 記憶にある弁当は、全部が母が作ったものではなく、友達の弁当の記憶が混ざっているということ。

エ はじめは満足のいかない弁当だったのに、理想的な弁当をいつも作ってもらった記憶しかないということ。

（　　）

ヒント 筆者が母に言われたことから考えよう。

(2) 母はどんな思いで色鮮やかでデザートのついた弁当を作っていたのだと筆者は考えていますか。二つに分けて答えなさい。

（　　　　）

（　　　　）

月／日

のであろう。（中略）
毎日弁当を作っていて実感するのは、母の偉大《いだい》さである。今ほど冷凍《れいとう》食品が充実《じゅうじつ》していなかったし、また古い人間の母はそうしたものを使わなかったから、朝っぱらから揚《あ》げたり煮《に》たり、炒《いた》めたり巻《ま》いたり切ったり、なおかつ、配色、デザートうんたらと、考えているとすでに私は頭がおかしくなりそうである。たしかにね、そりゃ、怒《おこ》るだろうよ、と今ならわかる。そんなふうにてんやわんやで「緑、緑が足りない」とか「りんご切らなきゃ、切ったら塩水」とかやっているというのに、「私ねェ購買《こうばい》部のパンが食べたいのーん」などと言われようものなら、ちゃぶ台ひっくり返して怒ります。②ちゃぶ台がうちになかったから、一五年たっても恨《うら》みがましく、あんたはね、購買部のね、と言い募《つの》ったんだろう。

自分のぶんを作っているだけなのだから、私の弁当は道楽だ。いつでもやめられる。やめてもだれも困《こま》らない。でも、だれかのために作る弁当は、生活なのだ。それはまわし続けるしかなくて、たのしいとか、気晴らしとか、そんなことのずっと先にある。私たちの記憶に残る弁当は、きっとそういう弁当なのだ。茶色くても、デザートなしでも、③食材以外の栄養を、食べる人に与《あた》えるような。

（角田光代《かくたみつよ》「世界中で迷子になって」）

＊偏食＝好ききらいが多いこと。

(3) 筆者が母の偉大さを感じるのはどんなときですか。次の［あ］・［い］にあてはまる言葉を、文中からそれぞれぬき出しなさい。

・［あ］のための弁当を作り、その［い］さを想像するとき。

あ（　　　　）　い（　　　　）

(4) ――②「ちゃぶ台がうちになかったから」から読み取れることとして最も適切なものを次から選び、記号で答えなさい。

ア 筆者の家の裕福《ゆうふく》さ。
イ 筆者の母のがまん強さ。
ウ 筆者のユーモア。
エ 筆者のうかつさ。

（　　）

(5) 「私」は母の弁当を何だと考えていますか。文中から二字でぬき出しなさい。

［　　］

(6) ――③「食材以外の栄養」とは何を指していると考えられますか。

（　　　　）

ヒント 母親が作る「記憶に残る弁当」には何があるといえるか考えよう。

⬇解答は73ページ

月　日

1 次の文章を読んで、あとの問いに答えなさい。

〔以下は筆者の通っていた盲《もう》学校についての文章である。〕

中学一年、第一時間目の生物の授業も強烈《きょうれつ》な印象が残っている。

この授業を受け持っておられたのは、南極でアデリーペンギンの研究をなさった先生で、始業の挨拶《あいさつ》が終わると、「これから外に出て植物に名前をつけよう」と言われた。

植物には虫や脂《あぶら》がついていたりして、私《わたし》はあまり葉を触《さわ》る気にならないことが多かったが、「名前をつけよう」のひと言でなにもかも忘《わす》れ、外に飛び出した。

指定された植物を順番に観察し、命名順にノートする。見える生徒は「緑茎《みどりくき》」とか、「毛生え」などの名前を考えつき、見えない生徒は「ざらっ葉」「ペアリーブズ*」など、手触りや形をとらえた名前をつけた。

分類や名称《めいしょう》を一方的に詰《つ》め込《こ》むのでなく、ユニークな名前をつける作業から、植物の豊かな特徴《とくちょう》を自力で発見させる。自然観察をかじってはじめて分かったが、これはまさにフィールド実習そのものではなかったろうか。そしてそれは、家にこもりがちな盲学生たちを自然界に誘《いざな》い、植物

(1) ――「第一時間目の生物の授業」について、次の問いに答えなさい。

① この授業ではどんなことをしましたか。

（　　　　　）

② この授業でしたことを、筆者はのちに何とよばれる学習法だと気がつきましたか。

（　　　　　）

③ この授業にはどんな効果があったと筆者は考えていますか。次の あ ～ う にあてはまる言葉を、文中からそれぞれ四字以内でぬき出しなさい。

・盲学生を自然界での あ に熱中させ、次に進むための い と う をもたせる効果。

あ □□□□

い □□□□

う □□□□

(2) 盲学生の学習とは、どんなものだと筆者は考えていますか。次の あ ・ い にあてはまる言葉を、文中からぬき出しなさい。

観察に熱狂《ねっきょう》させ、さらに次のステップに進むための期待と行動力を与《あた》え得《う》る貴重《きちょう》な授業だったのだ。（中略）

目が見えない以上、事物を理解するには直接触《ふ》れたり、顔を近づけて匂《にお》いや味を感じて学ぶしかない。抽象《ちゅうしょう》的な現象でも、実験や体験を通して理解することが多くなる。歴史や地理なら、地図や分布図が擦《す》り切れるほど探《さぐ》って記憶《きおく》することになる。だから、学習には*晴眼者《せいがんしゃ》の何倍も時間がかかるし、けっして能率的とは言えない。でもその分、一つひとつの知識の印象は強く、一生涯《いっしょうがい》忘れ得ないものとして体に染《し》みつくのだと思う。

そして私の場合、小さいころには単なる教育の積み重ねだったこれらの知識が、大人になって自然や環境《かんきょう》に関心を寄せるにつれて、さながら種が樹木《じゅもく》に育つように芽吹《めぶ》き始め、いつか花開く可能性さえ秘《ひ》めてきたようなのである。

ぼんやりと輪郭《りんかく》を見せ始めたこの知識の樹木が、これからどんなふうに育つのか、私自身にも予想できないところが面白《おもしろ》い。そしてこう考えるにつけ、これほど多彩《たさい》で実になる種を、私のなかにていねいに植えつけてくれた盲学校の教育に、敬意《けいい》を表さずにはいられなくなるのである。

（三宮麻由子《さんのみやまゆこ》「鳥が教えてくれた空」）

*ペアリーブズ＝「ペア」は、二つで一組になっていること。「リーブズ」は、葉のこと。

*晴眼者＝目が見える人。

・[あ]とは言えない学習方法だが、その分知識の印象が強くなるので、[い]として身につく。

あ（　　　　）

い（　　　　）

(3) 筆者は何を今後の楽しみにしていますか。最も適切なものを次から選び、記号で答えなさい。

ア 自然や環境の知識を得てから植えた樹木が成長し、どんな実をつけるのか。

イ 小さいころ得た知識がいずれどんな形になるか、何を自分にもたらすか。

ウ 植物が花開くように、いつか自分が開花させる才能とはどんなものか。

エ 学校では教えないような植物の知識がどこでどんなふうに役立つか。

（　　）

(4) 筆者が感謝《かんしゃ》しているのは何に対してですか。文中から六字でぬき出しなさい。

□□□□□□

ヒント 「感謝」と似た言葉を探《さが》してみよう。

19日

まとめテスト(4)

月　日

時間 20分 [はやい15分 おそい25分]

合格 80点

得点　　点

1 次の文章を読んで、あとの問いに答えなさい。

少年のクラスは小学校生活をしめくくる「お別れ会」で劇《げき》をすることになり、少年が台本係に指名される。少年は学校生活の思い出の場面が長くなってしまうことを先生に相談する。

「……①思い出、多すぎますか？」

「うん、まあ、えらいぎょうさん詰《つ》め込《こ》んどるようなけど……おまえはどげん思うんな。思い出が多すぎる思うとるんか、これでええんじゃ思うとるんか、どっちな」

少年はしばらく考えてから、「いいと思います」と言った。

「みんなどげん言うとる？　思い出の場面が長すぎる、言うとるか？」

これは少し自信を持って、かぶりを振《ふ》った。

「楽しそうに稽古《けいこ》しとるか？」

もうちょっと自信を深めて、うなずいた。

すると、先生はあっさりと「ほな、これでいこう」と言った。「五分や六分オーバーしても、かまやせんわい。どうせ三組が最後なんじゃけん」

［②］するぐらい軽い声だった。でも、先生のその声で、

↓解答は73ページ

(1) ——①「思い出、多すぎますか？」とありますが、この質問に対する先生の意見として最も適切なものを次から選び、記号で答えなさい。(10点)

ア 発表の順番が最後だから何をしてもいい。
イ 少年とみんなが納得《なっとく》しているなら問題ない。
ウ 詰め込みすぎているから、けずるべきだ。
エ せっかく書いた台本をむだにはしたくない。

（　　）

(2) ［②］にあてはまる言葉として最も適切なものを次から選び、記号で答えなさい。(10点)

ア 拍子《ひょうし》抜《ぬ》け　イ 天井《てんじょう》抜け
ウ 通り抜け　エ すっぽ抜け

（　　）

(3) 「北風」はどんな役だと先生は考えていますか。(20点)

（　　）

その言葉を聞くと、じんわりと勇気が湧《わ》いてきた。

「あと、配役はどげんなった？」

登場人物の一覧《いちらん》表を見せた。

「なんじゃ、おまえ、北風か」

「はい……」

「えらい遠慮《えんりょ》深い奴《やっ》ちゃのう。せっかく苦労してつくったんじゃけえ、もうちいとカッコのええ役にすりゃええのに」

先生は、まあええか、と台本を閉《と》じて、「一つだけ、やり直しじゃ」と言った。「おまえはお話をつくるんはうまいけど、まだ③大事なことがわかっとらん」

脇役《わきやく》の名前――だった。

「通行人Aやら通行人Bやら、なんじゃ、それは。おまえ、世の中に『通行人』いう名前のひとがおる思うんか？」

登場人物全員に名前をつけろ、と言われた。友だちの名前をそのまま使ってもいいし、「嘘《うそ》っこ」で考えてもいい。お芝居《しばい》の中で名前を出す必要もない。ただ、とにかく、名前のない登場人物がいてはいけない。

「あたりまえじゃろうが、通行人いうても、このお話の中でたまたま脇役じゃったいうだけで、そのひとにとっては自分が主人公なんよ。そうじゃろ？　みんながほんまは主人公で、たまたまお話の中で主人公と脇役に分かれただけのことよ。それを忘《わす》れたらいけん。せめて［④］ぐらい、しっかり付けちゃらんか」


（重松《しげまつ》清《きよし》「きよしこ」）

(4) ――③「大事なこと」とは何ですか。次の［あ］・［い］にあてはまる言葉を、文中からぬき出しなさい。(10点×2―20点)

・どの人も［あ］が［い］なのだということ。

あ（　　　　）　い（　　　　）

(5) ［④］にあてはまる言葉を、文中からぬき出しなさい。(20点)

（　　　　）

(6) この文章の先生はどんな人物ですか。最も適切なものを次から選び、記号で答えなさい。(20点)

ア　時間や約束事に厳《きび》しいが、子どものことを何よりも思いやる人物。
イ　その場に応じて考えられ、一人ひとりの個性を大切にする人物。
ウ　他の先生からの評判を気にして、子どものことを大事にしない人物。
エ　すべてを子どもの自主性に任せて、自分は責任を負わない人物。

（　　　　）

↓解答は74ページ

月　日

1 **次の文章を読んで、あとの問いに答えなさい。**

キツネの親子の絆《きずな》は、他の哺乳類《ほにゅうるい》のように絶対的なものではなく、他者の子どもでも自分の子として容易に受け入れている。(中略)

キツネの子は子どもであればどの親も、基本的には拒否《きょひ》はしないと言っていい。

問題は、子どもであればの子ども。親ギツネが何をもって、そこにいる生き物を子どもと認識《にんしき》するのかを考えたい。

基本的には先天的なもの。——たとえば匂《にお》い、形、毛色、声などはキツネの子であることを示す特徴《とくちょう》で、これは最低限の条件だろう。それに加えて刺激《しげき》に対する反応、しぐさなど後天的なものが、親にとっての〝子ども〟なのではないかと思うのである。

言い替《か》えれば、それは子どもの中にある子どもらしさである。親とは似てもいないアンバランスな体形、特有な匂い、声、色などが総合的にからみ合って子どもらしさを表現し、それが無償《むしょう》の育児本能をくすぐる。そこでそれに熱中する——という図式が成り立っているのが、キツネの親子関係だと思うのである。日齢《にちれい》、週齢とともにわき出る幼《よう》

(1) 何について書かれた文章ですか。次の□にあてはまる言葉を、文中から二字でぬき出しなさい。

・キツネの□関係について。

(2) 親ギツネが子どもを子どもとして認《みと》めるために必要なものを、次の表にまとめました。(①)～(④)にあてはまる言葉をそれぞれ答えなさい。

先天的なもの	匂い・(①　　) 毛色・(②　　) など
後天的なもの	刺激に対する反応・ (③　　) など

↓

最低限の(④　　)

ヒント 「先天的」「後天的」の言葉に注目して探《さが》そう。

児《じ》期の行動パターンも、その本能の発現維持《いじ》に役立って、育児が持続される。

ところが、消えてゆくものもある。

体のバランスの悪さも成長とともに消え、親の体型にかぎりなく近づく。体毛の色も親と変わりなく、子ども特有の声がいつの間にか消滅《しょうめつ》し、鋭《するど》い親の声そのものになる。第一、獲物《えもの》を受け取るときのしぐさ、声ひとつをとっても、五月の幼児期、六月の幼年期とはくらべようもないほど変化をとげているのである。

要は、成長のスピードに比例して、子どもの体が持つ〝子どもらしさ〟が変化し、また消えていっていた。子どもから子どもらしさを引いてゆくと、残ったものは成獣《せいじゅう》、すなわち親にとってはライバルなのである。

今まで子どもの表情をしていた眼前《がんぜん》の生き物が、自分とまったく同じ成獣となり、ライバルに変身して登場していることに気づいた親ギツネの驚《おどろ》きととまどいは、同情してもあまりある。だから、ついさっきほかならぬわが子を自分で追い出しておきながら、食物を口にくわえたとたん、さあ子どもたちにこれを運ばなければと思って、走り帰ってくるのだろう。

（竹田津《たけたづ》　実《みのる》「キタキツネの十二か月―わたしのキツネ学・半世紀の足跡《あしあと》」）

(3) ――「消えてゆくもの」とは何ですか。文中から六字でぬき出しなさい。

(4) 親ギツネが、子どもが成長したことをすぐに受け入れられない具体的な様子を示している一文を探し、はじめの五字を答えなさい。

(5) 親ギツネの子どもに対するあり方として、最も適切なものを次から選び、記号で答えなさい。

ア 自分の目の前にいる子どもを優先《ゆうせん》して育てる習性があるため、自分の産んだ子どもを放置してしまうことがある。

イ 自分の子でなくとも子どもと認めれば本能的に育てるが、成長すると親ギツネは子どもをライバルと認識する。

ウ 子どものうちは自分の子も他の子も関係なく育てるが、ある程度成長すると、他のキツネの子は巣から追い出す。

エ 子どもらしさのうち後天的なものは親ギツネが教えるものだから、それがなくなってしまうとパニックを起こす。

（　　）

ヒント 文章のはじめの部分とおわりの部分に着目しよう。

21日

説明文・論説文《ろんせつ》を読む (2)

月　日

1 次の文章を読んで、あとの問いに答えなさい。

[1] ＊旋盤《せんばん》でも溶接《ようせつ》や塗装《とそう》のような仕事でも、自分の手で機械を使って削《けず》ったり溶《と》かしたり塗《ぬ》ったりしていたときには、①それを「自分がつくっている」と自覚することができました。できあがった製品を見たときに「これはわたしがつくったんだ」と思うことができました。[②]＊NC旋盤でつくったものは、「自分がつくった」とは思えなくて、「つくられてしまった」とか「つくらされた」という感じになってしまうのです。（中略）

[2] 働くと動くとではニンベンがつくかつかないかのちがいですが、仕事をしていて「つくっている」のと「つくらされている」のとでは、まるでちがいます。ものづくりは人の役に立つものをつくる仕事ですが、ニンベンをとってしまうと、お金をかせぐためだけの仕事になってしまうのです。ものをつくって働く人たちが、ただお金をかせぐためだけに会社に来ているとなったら、いいものをつくろうという情熱をなくしてしまいます。

[3] それではいけないと反省して、日本中のものづくりをする人たちが③「ものづくりは人づくり」だと考えるようにな

↓解答は74ページ

(1) ――①「それ」は何を指しますか。文中から二字でぬき出しなさい。

[　　]

ヒント 指示語が指す内容があとにくる場合もあるよ。

(2) [②]にあてはまる言葉として、最も適切なものを次から選び、記号で答えなさい。

ア したがって　イ あるいは
ウ なぜなら　エ ところが

（　　）

(3) 「働く」からニンベンをとると、どんな仕事になってしまうのですか。文中からぬき出しなさい。

（　　）

(4) ――③「ものづくりは人づくり」とはどういうことですか。次の[ ]にあてはまる言葉を、文中からぬき出しなさい。

・ものづくりに[ ]をもてる人を育てる必要があるということ。

（　　）

ったのです。

4 もちろんわたしは、ＮＣ旋盤やロボットという機械が悪いなんてすこしも考えていません。機械の進歩によって、以前よりもずっといいものがたくさん、しかも安くつくれるようになったからです。いまではほとんどの町工場も新しい機械を使って仕事をしています。産業用ロボットはいまでは一年間に約十万台もつくられて、日本は世界一のロボット大国と言われています。十万台のうちの約三分の一は自動車工場で溶接や塗装のためのロボットとして活躍《かつやく》しています。

5 技術の進歩は、だれも止めることはできません。産業用ロボットをつくる技術を発展《はってん》させて、災害のときに活躍《かつやく》するレスキューロボットや、体の不自由な人のための介護《かいご》ロボット、危険《きけん》な場所、深海や宇宙《うちゅう》で活躍するロボットなどがこれからもっともっとできるでしょう。

6 ただわたしは、技術の進歩にたよるあまり人間がなまけ者になってはならないと思うのです。そのためには、新しい機械を使う人たちも、ただ機械の「お守《も》り」をしているだけではなくて、その機械の能力をもっとよくするために勉強したり工夫《くふう》をしたりするべきではないだろうか、と思うのです。

（小関智弘《こせきともひろ》「町工場のものづくり」）

＊旋盤＝金属をけずる機械。

＊ＮＣ旋盤＝コンピュータで動かす旋盤。

(5) 5段落《だんらく》の役割《やくわり》として最も適切なものを次から選び、記号で答えなさい。

ア 前の段落と話題を変えて、新たな問題を示している。
イ 前の段落を否定《ひてい》して、反対の意見を述べている。
ウ 前の段落に追加して例を挙げ論を展開している。
エ 前の段落とはちがう視点《してん》で具体例を述べている。

（　　）

(6) 筆者の考えとして最も適切なものを次から選び、記号で答えなさい。

ア ものをつくる機械は悪くないが、人間はそれにたよってなまけ者になるのではなく、常に向上心をもつべきだ。
イ ものをつくる機械が増えると、ものづくりをする人が減ってしまうので、人を育てていくのがたいへんになる。
ウ 便利な世の中になるのはいいことだが、機械にたよりすぎ、人間の能力がおとろえていくのはこわいことだ。
エ 便利な機械があれば産業は発達するから、これからは人づくりより機械の開発に力を入れなくてはいけない。

（　　）

ヒント 筆者の考えは文章の最後に書かれることが多いことから考えよう。

説明文・論説文《ろんせつ》を読む (3)

↓解答は75ページ

月　日

1 次の文章を読んで、あとの問いに答えなさい。

「国立公園の外では、あちこちの森で木が切られ、焼き払《はら》われてしまっているよ。それを見たいかい。」

*サイード君が言った。

　国立公園から出て、河口の町、クマイに戻《もど》った夜のことだ。ぼくは、もちろん、「見たい！」と、うなずいた。森がなくなっていく現場をこの目で確認《かくにん》しておきたかった。

　翌朝《よくあさ》、車に乗って一時間。一面が農地になった。トウガラシ、キャッサバを栽培《さいばい》している農場が続く。

「このあたりは十年前は森だったんだよ。」

　サイード君の言葉がにわかには信じられない。道路もちゃんと整備されていて、農家もあちこちに建っている。

　[①]ずいぶん長い間ここで作物を作っていますというような感じなのだ。

　②そういった風景を三十分ほど見続けた後で、森があらわれた。

　ただ、それは、自然な森ではない。

　[③]一種類の植物で埋《う》め尽《つ》くされた不自然な森だ。その植物の名前は「オイルパーム」。日本では油椰子《あぶらやし》と

(1) [①]・[③]にあてはまる言葉の組み合わせとして、最も適切なものを次から選び、記号で答えなさい。

ア ①まるで　③せっかく
イ ①なお　③なるべく
ウ ①もう　③たった
エ ①ちょっと　③わずか

（　　）

ヒント ①「ずいぶん長い間」、③「一種類の」に続く言葉をそれぞれ考えよう。

(2) ――②「そういった風景」とはどんな風景ですか。「十年前」「作物」という言葉を使って答えなさい。

（　　）

(3) 油椰子を栽培しているのはどこから来た人たちですか。

（　　）

(4) 筆者たちが見た森はどんな森でしたか。次の[　]にあてはまる言葉を答えなさい。

いう。インドネシア政府の方針《ほうしん》で、一九八〇年代のなかばからカリマンタン島で栽培されるようになった。ジャワ島やバリ島など、人口の多い島から人を移住させて、森を焼き、油椰子を栽培させている。

その名前からもわかるように、油椰子からは品質の高いパームオイルという油が採れる。食用にもなれば、洗剤《せんざい》の原料にもなる。いわゆる「お金に換《か》えられる作物」としてとてもすぐれたものなのだ。

ただ、オランウータンをはじめ、④森の生き物たちはここでは生きていくことができない。一見、青々としていて、南国ふうの豊かな森に見えるけれど、森に住んでいた生き物たちにとっては食べ物が何もない砂漠《さばく》と同じだ。

「こういった農場を作るために森を焼き払って、もとから住んでいる人たちを立ちのかせているんだよ。問題はオランウータンのことだけじゃないんだ。」

サイード君によれば、森を焼き払う時、もとからそのあたりに住んでいた人たちは行き場を失ってしまう。森と共に生きてきた人たちが、森を失い、森の民《たみ》としての誇《ほこ》りも失って生きていくことになるのだ。

（川端裕人《かわばたひろと》「オランウータンに森を返す日」）

＊サイード君＝筆者のインドネシア取材の案内役。

・［　　］という植物だけの森。

(5) カリマンタン島の森で栽培している作物はどんな特ちょうの作物ですか。文中から十字でぬき出しなさい。

（　　　　　　　　　　）

(6) ——④「森の生き物たちはここでは生きていくことができない」のはなぜですか。十五字以内で答えなさい。

ヒント 「ここ」とは「一種類の植物で埋め尽くされた不自然な森」のことだよ。

(7) サイード君の話を聞いて、筆者はカリマンタン島の森には、オランウータンのこと以外に、どんな問題があると知りましたか。次の［あ］～［う］にあてはまる言葉を答えなさい。

・［あ（十二字）］が、［い（三字）］と［う（九字）］を失ってしまう問題。

あ

い

う

ヒント 「もとから住んでいる人たち」の問題だよ。

説明文・論説《ろんせつ》文を読む (4)

月／日

↓解答は75ページ

1 次の文章を読んで、あとの問いに答えなさい。

夏に育つ植物たちは、猛烈《もうれつ》な暑さと闘《たたか》っています。その闘うためのしくみの一つは、植物が自分のからだを冷やすという冷却《れいきゃく》能力です。太陽の強い光を受けている葉っぱは、水を蒸発《じょうはつ》させることで、からだの温度を冷やします。私《わたし》たちが、暑いときに汗《あせ》をかくのと、同じしくみです。一グラムの水を蒸発させると、五八三キロカロリーの熱が奪《うば》われていきます。多くの水を蒸発させればさせるほど、からだを冷やすことができます。

［①］、夏の昼間、植物は多くの水を使います。長い間、森や山に育っている樹木《じゅもく》は、広い範囲《はんい》に根を張りめぐらせているので、多くの水を吸収《きゅうしゅう》することができます。また、そんな樹木たちの下に生きる小さな木や草は陰《かげ》になっているので、強い光が当たりません。だから、水不足になることはありません。

水の不足に困《こま》るのは、家の庭や畑、花壇《かだん》で育つ植物たちです。だから、これらの植物たちには、たっぷりと水をやることが必要です。夏の猛暑の中では、昼間の暑さのために、夕方になると、庭や畑、花壇の土はカラカラに乾《かわ》きま

(1) 植物はどうやってからだを冷やしていますか。

（　　　　　　）冷やす。

(2) ［①］にあてはまる言葉として、最も適切なものを次から選び、記号で答えなさい。

ア しかし　イ また

ウ そのため　エ それとも

（　　）

ヒント 前後の話の流れを確かめよう。

(3) 森や山で水不足にならない理由を、次から二つ選び、記号で答えなさい。

ア 小さな草木はそれほど光が当たらず水を使わないから。

イ 森や山には雨水をたくさんたくわえる力があるから。

ウ 森や山の樹木には、平地より太陽が当たらないから。

エ 大きな樹木が地面をおおって、水をのがさないから。

オ 森や山の樹木は広く根をのばして水を吸収するから。

（　　）（　　）

す。ですから、②水をやるのは、夕方がいいのです。

夕方、水不足のために、ぐったりと葉っぱを下に垂《た》らしていた植物も、夜の間に水を吸《す》って、朝にはピンと葉っぱを広げます。夜の間に水を吸い、朝の太陽の光を十分に水をもった状態で迎《むか》え、元気よく光合成をはじめます。

植物が夜の間に多くの水を吸収し、からだにため込《こ》むことを示すのに、③「溢水《いっすい》」という現象があります。朝早くに、葉っぱの先端《せんたん》部分に水滴《すいてき》になって水がたまっている現象です。夜の間に水を吸収しすぎて、余った水が溢《あふ》れ出てきたのです。

夜の湿度《しつど》が高かった早朝に、多くの植物で観察できます。朝早くに、背《せ》の低い草が生えた野原などを散歩すると履《は》き物がびっしょりと濡《ぬ》れます。また、背の高い草が生えていれば、ズボンやスカートの裾《すそ》がびっしょりと濡れます。これらは、葉っぱの上の④露《つゆ》が原因のことがありますが、多くの植物の「溢水」がこの現象をおこしていることもあります。

植物たちは、夜の間に水を吸収し、からだにためます。だから、水やりは夕方にするのがいいのです。

（田中《たなか》　修《おさむ》「植物はすごい」）

(4) ――②「水をやるのは、夕方がいい」とありますがなぜですか。次の あ ～ う にあてはまる言葉を、文中からぬき出しなさい。

・夏の昼の あ によって乾いたところに、夕方に水をやることで、 い に水を吸って元気になり、朝から う ができるようになるから。

あ（　　）い（　　）

う（　　）

ヒント 水不足になりやすい庭などの植物について書かれた二つの段落《だんらく》から探《さが》そう。

(5) ――③「溢水」があると、植物がどうしたことがわかりますか。

（　　）

(6) ――④「露が原因」とありますが、びっしょりと濡れる他の原因は何ですか。次の □ にあてはまる言葉を、文中から四字でぬき出しなさい。

・□ が葉っぱの先端にたまっているから。

□□□□

ヒント 「溢水」という現象がおこると植物がどうなるかを読み取ろう。

24日

まとめテスト(5)

↓解答は76ページ

月　日

時間 20分［はやい15分・おそい25分］
合格 80点
得点　　点

1 次の文章を読んで、あとの問いに答えなさい。

いまの時代、ネット*でたいていの情報は得られます。しかも、アップデート*された最新の情報が手に入ります。本を読む時間もないし、それほどお金も使えない、という人のほうが圧倒《あっとう》的です。

「この時代にわざわざ本を読む理由は？」と言う人もいます。

［①］、私《わたし》は、こう思うのです。

ネットでバラバラに得た知識では、前後関係や因果関係がわからなかったりして、意外に役に立たないことがあります。

［②］、本の形になっているものは、内容はピンからキリまであるものの、それぞれが一応、体系《たいけい》的に一つのまとまった世界として内容を提示しようとしています。本を読むことによって、体系的に物事を知ることができるのです。

あるテーマについて、いったん本で、編集された順序、あるいは体系を身につけておくと、それが一つの基準になり、後で別の情報を処理《しょり》するときにも、効率よく考えることができます。後であれば、ネットで断片《だんぺん》的に情報収集《しゅうしゅう》し

(1) いまの時代にわざわざ本を読まなくてもいいと思う人がそう考える理由として、適切でないものを次から選び、記号で答えなさい。(20点)

ア おおよその知識はネットで得られるから。
イ 本よりもネットのほうが情報が速いから。
ウ 本よりネットのほうが信用性が高いから。
エ 読書よりネットで調べたほうが早いから。

（　　）

(2) ［①］・［②］にあてはまる言葉の組み合わせとして最も適切なものを次から選び、記号で答えなさい。(20点)

ア ①しかし　②一方
イ ①だから　②そして
ウ ①例えば　②それでも
エ ①また　②なぜなら

（　　）

(3) 筆者の考える本のよさを、「こと。」に続く形で一つは十五字で、もう一つは二十七字で探《さが》し、それぞれはじめとおわりの五字をぬき出しなさい。(10点×2―20点)

ても、自分の中で整理できるようになります。

もう一つ大事なことがあります。それは、ネットで得られる情報は、*玉石混淆《ぎょくせきこんこう》だということです。もちろん、優《すぐ》れた第一線の専門家《せんもんか》がブログなどで情報提供《ていきょう》しているものもありますが、単に思いつきだったり、勘違《かんちが》いや思い込《こ》みで書いていたりするものも多数あります。

それに対して、本は少なくとも著者《ちょしゃ》の他に、編集者と*校《こう》閲《えつ》者が、書かれた③内容のチェックをしています。

他人の目ということでいえば、本の文章は、他人の目を通っているため読みやすくなっているということもあります。あなたも、自分が書いた文章について、第三者にアドバイスをもらって手を入れたら読みやすくなった、という経験はありませんか？

プロの編集者や校閲者の指摘《してき》や手が入ることによって、読みやすくなったり、一定のレベルが保証されたりしている。それは本の価値だと思いますし、そういう丁寧《ていねい》につくられた本を、これからも大事に読みたいと思うのです。

（池上《いけがみ》　彰《あきら》「学び続ける力」）

*ネット＝インターネット。
*アップデート＝より新しいものに変更《へんこう》すること。
*玉石混淆＝よいものと悪いものが入り混じっていること。
*校閲者＝文書などに誤りや不備がないか確かめる人。

(4) ―③「内容のチェック」によって、本では著者の何によるまちがいを見つけることができるでしょうか。文中から二つぬき出しなさい。（5点×2―10点）

□□□□□〜□□□□□こと。
□□□□□〜□□□□□こと。

（　　）（　　）

(5) この文章を三つに分けるとしたら、三つ目はどこから始まりますか。はじめの五字をぬき出しなさい。（10点）

□□□□□

(6) 筆者の主張として最も適切なものを次から選び、記号で答えなさい。（20点）

ア まずネットでおおまかなことを調べてから、本を読むのがかしこい。
イ ネットの情報は信用できないので、大事な調べものは本にたよるべきだ。
ウ ネットの情報に比べ丁寧につくられている本を、大切にしていきたい。
エ 過去のことは本で、最新情報はネットで、それぞれ調べるとよい。

（　　）

1 次の詩を読んで、あとの問いに答えなさい。

山から降《お》りて来た人

原田《はらだ》直友《なおとも》

山から降りて来た人は
①みんな胸《むね》を大きく張って
ゆったりしている
どの顔も明るくかがやいて見える
なぜだろう

ぼくは今度山に登ってそれがわかった
頂上から眺《なが》めると
となりの村が見える
その向こうの町が見える　町の向こうに
はてしない海が光って見える
そしてぼくの村のなんと小さなこと

⬇解答は76ページ

(1) この詩は全部で何連ありますか。漢数字で答えなさい。

（　　）連

(2) ――①「みんな胸を大きく張って／ゆったりしている／どの顔も明るくかがやいて見える」について、次の問いに答えなさい。

① 同じことを表現しているところを詩の中から二行で探《さが》してぬき出しなさい。

（　　）

ヒント 山から降りた人が堂々としていて、明るい顔であることを書いている行を探そう。

② このように見える理由として最も適切なものを次から選び、記号で答えなさい。

ア 「ぼく」の中に山に対するあこがれがあり、山に登った人を尊敬《そんけい》する気持ちがあるから。

月　日

②あの手のひらのようなところで
ぼくらはつまらないことにおこったりすねたり
喜んだり悲しんだりしていたのだ
それがなんだかばかげたことのように思えてくるのだ
そして希望で胸がぐんとふくらんでくるのだ
太い鉄でも飲みこんだように
[③]腹もすわってくるのだ

山から降りて来た人は
（ぼくもきっとそうにちがいない）
ちょっとのことにはゆるがない
明るい顔でいつもにこにこ笑っている

イ　山という自然とふれあうことで、日々のつかれが消えて、心身が健康を取りもどすから。
ウ　山が人間はちっぽけであることを教えてくれるので、何をしても許される気がするから。
エ　山の上から見ると日常のことがささいなことに感じられ、希望がわき、度胸《どきょう》がつくから。
（　　）

ヒント　「ぼく」が山に登って何を感じたのか考えよう。

(3)　――②「あの手のひらのようなところ」とはどこですか。次の[あ]・[い]にあてはまる言葉を詩の中からぬき出しなさい。

・頂上から眺めるととても[あ]、[い]。

あ（　　　　）　い（　　　　）

(4)　[③]にあてはまる言葉として、最も適切なものを次から選び、記号で答えなさい。
ア　ぽっかり　　イ　どっかり
ウ　さっぱり　　エ　ぐったり
（　　）

月　日

1 次の詩を読んで、あとの問いに答えなさい。

ブロッコリーの森

西沢杏子《にしざわきょうこ》

ブロッコリーは　樹《き》の形をしている
たった一本で　緑の森をつくっている

小房《こぶさ》にわけても
熱湯でゆがいても
樹の形を崩《くず》さない

①食べていいものだろうか　こんな樹を
噛《か》み砕《くだ》いていいものだろうか　こんな森を

噛んで　砕いて
a からだに取り込《こ》んでしまっても
②樹はもっこりと　甦《よみがえ》る

胸《むね》いっぱいに幹を立ち上げ　緑を広げ

↓解答は77ページ

(1) ――①「食べていいものだろうか　こんな樹を」と同じ表現技法が使われているものを、〜〜〜a〜dから一つ選び、記号で答えなさい。
（　　）

(2) ――②「樹はもっこりと　甦る」とはどういう意味ですか。最も適切なものを次から選び、記号で答えなさい。
ア どこかでまたブロッコリーが生えるということ。
イ 自分のなかにブロッコリーが広がるということ。
ウ ブロッコリーの魂が自分を取り込むということ。
エ ブロッコリーの森は噛み切りにくいということ。
（　　）

(3) ブロッコリーが筆者にうったえている言葉が書かれているのは何連目ですか。連の番号を漢数字で答えなさい。
（　　）連目

ヒント ブロッコリーが筆者にうったえている部分以外は、筆者の目線で書かれているよ。

わたしのなかに　樹の形の森をつくる
そうして
胸のおくから　主張する
からだのなかにも　美しい形が必要です！
根こそぎにされても　甦る森が必要です！
あなたの魂《たましい》は　この森で傷《きず》をいやすのだから。

ブロッコリーを食べるとき
フォークがつっと止まるのを
だから、③せかさないでね！

ブロッコリーの主張が
きょうも　青臭《あおくさ》い木霊《こだま》になっていくか
新しいたんこぶをこしらえた　わたしの魂を
その森に　ゆだねていいものか
真剣《しんけん》に考えてるとこなんだから

(4) ――③「せかさないでね」とありますが、なぜこのように言っているのですか。次の［あ］・［い］にあてはまる言葉を詩の中からぬき出しなさい。

・ブロッコリーの［あ］を聞き流すか、自分の［い］をいやしてもらうか、食べるときにゆっくり考えているから。

あ（　　　　）い（　　　　）

ヒント ブロッコリーを食べるとき、筆者は何を考えているのかを読み取ろう。

(5) この詩の内容に合うものとして、最も適切なものを次から選び、記号で答えなさい。

ア　ブロッコリーを森に見立てて、地球の自然を大切にすることを考えている。
イ　ブロッコリーの形から、自分のからだを内からいやす力を連想している。
ウ　ブロッコリーには不思議な力があることを、思い出とともに語っている。
エ　ブロッコリーを食べるには自分と向き合うかくごがいるとうったえている。

（　　）

27日

短歌・俳句《はいく》を読む (1)

月／日

↓解答は77ページ

1 次の短歌と俳句《はいく》を読んで、あとの問いに答えなさい。

A　白鳥《しらとり》は哀《かな》しからずや空の青
　海のあを《(お)》にも染《そ》まずただよふ《(う)》
　　　　若山牧水《わかやまぼくすい》

B　思い出の一つのようでそのままに
　しておく麦わら帽子《ぼうし》のへこみ
　　　　俵《たわら》　万智《まち》

C　草わかば色鉛筆《えんぴつ》の赤き粉《こ》の
　ちるがいとしく寝《ね》て削《けづ(ず)》るなり
　　　　北原白秋《きたはらはくしゅう》

D　最上川《もがみがは(わ)》の上空にして残れるは
　いまだうつくしき虹《にじ》の断片《だんぺん》
　　　　斎藤茂吉《さいとうもきち》

(1) 短歌と俳句について、次の[あ]〜[う]には、あてはまる漢数字を、[え]には、あてはまる言葉を答えなさい。

・短歌は[あ]・七・五・[い]・七、俳句は五・[う]・五の音数が定型の短い詩です。俳句には季節を表す[え]を入れるという決まりがあります。

あ（　　）　い（　　）　う（　　）
え（　　）

(2) Aの短歌は、白鳥が何に混じらないことをよんでいますか。短歌の中から二つ、三字と四字でぬき出しなさい。

[　　　]・[　　　　]

(3) Dの短歌の句の切れ目すべてに「／」をつけなさい。

最 上 川 の 上 空 に し て 残 れ る は
い ま だ う つ く し き 虹 の 断 片

(4) 次の文はそれぞれどの短歌について述べたものですか。A〜Eの記号で答えなさい。

E　うすべにに葉はいちはやく萌《も》え出《い》でて
　咲《さ》かむ《(ん)》とすなり山桜花《やまざくらばな》　若山牧水

F　しんしんと肺碧《はいあお》きまで海の旅　篠原鳳作《しのはらほうさく》

G　スケートの紐《ひも》むすぶ間も逸《はや》りつゝ《(つ)》　山口誓子《やまぐちせいし》

H　算術の少年しのび泣けり夏　西東三鬼《さいとうさんき》

I　あを《(お)》あを《(お)》と空を残して蝶《てふ(ちょう)》別れ　大野林火《おおのりんか》

J　秋の蚊《か》のよろよろと来て人を刺《さ》す　正岡子規《まさおかしき》

① 緑と赤の色の対比の美しさをよんでいる。
② 今まさに咲こうとする花の美しさをよんでいる。
③ 過ぎた夏をなつかしむ気持ちをよんでいる。

①（　　）②（　　）③（　　）

ヒント「咲かむとすなり」は「咲こうとする」という意味。

(5) Fの俳句の句の切れ目すべてに「／」をつけなさい。

し ん し ん と 肺 碧 き ま で 海 の 旅

(6) Gの俳句は、どの季節をよんだものですか。漢字一字で答えなさい。

□

(7) Iの俳句から季語をぬき出しなさい。

（　　）

(8) Jの俳句では、なぜ蚊がよろよろとしているのですか。次の□にあてはまる言葉を答えなさい。

・蚊は□の生き物で、その時期が過ぎて弱っていることを表現しているから。

（　　）

(9) 子どもが宿題に苦しんでいる様子をよんだ俳句はどれですか。F～Jの記号で答えなさい。

（　　）

短歌・俳句《はいく》を読む(2)

↓解答は78ページ

月　日

1 次の短歌・俳句《はいく》と鑑賞《かんしょう》文を読んで、あとの問いに答えなさい。

A　ひぐらしの一つが啼《な》けば二つ啼き
　山みなこゑ《(え)》となりて明けゆく
四賀《しが》光子《みつこ》

ひぐらしはセミの一種で、朝夕の暗い時間に鳴きます。特に朝は夜明けとともに大合唱をする習性があります。この短歌には「①」とあるので、夜明けの大合唱のことをよんでいるとわかります。早起きのひぐらしが一匹《ぴき》鳴き、二匹鳴き、ついには大合唱となって朝をむかえるという②の経過が感じられる短歌です。

B　きゆ《(ゆ)》るきゆ《(ゆ)》るとバッシュ鳴りつつ少年ら
　膝《ひざ》やは《(わ)》らかくパスワークする
小島《こじま》ゆかり

体育館でバッシュ、つまりバスケットシューズをはいて

(1) Aの短歌について、①・②にあてはまる言葉をそれぞれ答えなさい。
① (　　　)　② (　　　)

(2) Bの短歌について、次の問いに答えなさい。
① ③にあてはまる言葉を、短歌の中からぬき出しなさい。
(　　　)
② 短歌をよんだ作者は、何をしていると考えられますか。最も適切なものを次から選び、記号で答えなさい。
ア 少年たちに混ざってバスケットボールをしている。
イ 少年たちがバスケットボールをする様子を見ている。
ウ 自分が子どもだったときのことを思い出している。
エ バスケットボールの試合の様子を想像している。
(　　　)

ヒント　バスケットをしているのは「少年たち」だよ。

(3) Cの俳句について、次の問いに答えなさい。
① どの季節をよんだものですか。漢字一字で答えなさい。
□

バスケットボールをすると、バッシュと床《ゆか》がこすれて「きゅるきゅる」と音が鳴ります。その音をひびかせながら、膝をやわらかく使って［③］している少年たちの様子を思いうかべることができる短歌です。「膝やはらかく」に、少年たちの動きの軽《かろ》やかさが感じられます。

C　ひつ《（っ）》ぱれる糸まつ《（っ）》すぐ④や甲虫《かぶとむし》　高野素十《たかのすじゅう》

かぶと虫は力の強い虫です。飼い主がかぶと虫の角に糸をつけて、何かを運ばせようとしているのでしょうか。「糸まっすぐや」と作者はかぶと虫の糸をまっすぐにして物を引っぱる力に感心しています。

D　水枕《みずまくら》ガバリと寒い海がある　西東三鬼《さいとうさんき》

水枕はかぜなどをひいたときに頭を冷やすために使うものです。「ガバリ」は枕の中の水が動いた音でしょう。頭の下に、［⑤］が広がっていることを想像したのです。かぜをひいて、心細かったから、こわいことを考えたのでしょうか。

② ――④「や」の効果の説明として、最も適切なものを次から選び、記号で答えなさい。

ア 続く「甲虫」がこの俳句でいちばん言いたいことだと示している。

イ 表現としての意味はなく、五・七・五に整えるために使われている。

ウ 「まっすぐか、いやそうではない」という意味を表している。

エ 糸がまっすぐであることに特別に感動したことを示している。

（　　）

(4) Dの俳句について、次の問いに答えなさい。

① ［⑤］にあてはまる言葉を、俳句の中から三字でぬき出しなさい。

□□□

② 俳句の内容に合うものとして、最も適切なものを次から選び、記号で答えなさい。

ア 音の表現が独特で、作者の感じたこわさを伝えている。

イ 水枕の冷たさと、かぜをひいた悲しさをよんでいる。

ウ 早く元気になって、海に行きたい気持ちを表している。

エ 水枕のおかげで、熱が下がった喜びをよんでいる。

（　　）

月　日

↓解答は78ページ

1 次の文章を読んで、あとの問いに答えなさい。

ある時、鼠老若男女《ねずみら(ろ)うにや(にゃ)くなんによ(にょ)》相《あひ(い)》集まりて僉議《せんぎ》しけるは、「いつもかの猫《ねこ》といふ《(う)》いたづら《(ず)》者にほろぼさるる時、千《ち》たび悔《く》やめども、その益《ゑき(え)》なし。かの猫、声をたつるか、しからずは足音高くなどせば、かねて用心すべけれども、①ひそかに近づきたる程《ほど》に、油断《ゆだん》して取らるるのみなり。いかがはせん」と言ひ《(い)》ければ、故老の鼠進み出《い》でてまう《(も)》しけるは、「詮《せん》ずる所、猫の首に鈴《すず》を付けてを《(お)》き侍《はんべ》らば、やすく知りなん」と言ふ《(う)》。皆々《みなみな》、「もつ《(っ)》とも」と同心しける。「然《しか》らば、このうちより誰《だれ》出でてか、猫の首に鈴を付けたまは《(わ)》んや」と言ふ《(う)》に、②上臈《じやうらう(じょ)(ろ)》鼠より下《しも》鼠に至《いた》るまで、「我《われ》付けん」

(1) 鼠たちは、何の相談をしていましたか。次の□にあてはまる言葉を答えなさい。

・猫に□にはどうしたらいいか。　（　　　）

(2) 鼠たちは猫のことを何と表現していますか。古文中から五字でぬき出しなさい。

□□□□□

(3) ――①「ひそかに近づきたる」とありますが、鼠たちは猫がどうであれば、用心できると考えていますか。二つ書きなさい。

・猫が（　　　）。

・猫が（　　　）。

ヒント 鼠たちが、どうして猫に用心する前につかまってしまうと言ってるのかを考えよう。

(4) ――②「上臈鼠」とはどんな鼠ですか。現代語訳の中からぬ

と言ふ《(う)》者なし。是《これ》によつ《(っ)》て、そのたびの議定事終は《(わ)》らで退散しぬ。

（「伊曽《いそ》保《ほ》物語《ものがたり》」）

（現代語訳《やく》）

ある時、鼠たちが老いたものも若《わか》いものも、男も女も集まって相談した。

「いつもあの猫といういたずら者につかまえられる時、何度もくやしく思うが、そうしても何の役にも立たない。あの猫が、声を出すか、もしくは足音がすれば、前もって用心できるのだが、ひそかに近づくから、油断してつかまえられてしまうばかりだ。どうしたらいいだろうか」

と言うと、年寄りの鼠が進み出て、

「考えたところ、③猫の首に鈴をつけておけば、簡単に猫が近づいたことを知ることができるだろう」

と言った。みんな、

「その通りだ」

と同意した。

「では、この中からだれが出て行って、猫の首に鈴をつけてくださるのか」

と言うと、身分の高い鼠から、低い鼠まで

「自分がつけよう」

と言う者はいない。それで、会議は結論《けつろん》が出せないまま解散となった。

き出しなさい。

（　　　　　）鼠

(5) ――③「猫の首に鈴をつけておけば……知ることができるだろう」とありますが、年寄りの鼠がこのような提案をしたのはなぜですか。次の□にあてはまる言葉を答えなさい。

・猫の首につけた鈴が□ことで、猫が鼠に「ひそかに近づきたる」ことはできなくなるから。

（　　　　　）

(6) 鼠たちの会議は、どうして結論が出なかったのですか。理由として最も適切なものを次から選び、記号で答えなさい。

ア どうやっても、鼠が猫に勝てる作戦を考えることができなかったから。

イ 老いた鼠は他の鼠にやらせるばかりで、若い鼠からきらわれていたから。

ウ 猫への対策は考えられたが、だれも実行者になりたがらなかったから。

エ 出された提案がどれも難《むずか》しくて、どう実行するのかわからなかったから。

（　　）

ヒント 一度はみんなが同意したのに、結局うまくいかなかった理由を考えよう。

月　日

時間 20分（はやい15分・おそい25分）　合格 80点　得点　点

1 次の詩を読んで、あとの問いに答えなさい。

言葉のダシのとりかた

長田《おさだ》　弘《ひろし》

①かつおぶしじゃない。
まず言葉をえらぶ。
太くてよく乾《かわ》いた言葉をえらぶ。
はじめに言葉の表面の
カビをたわしでさっぱりと落とす。
*血合いの黒い部分から、
言葉を正しく削《けず》ってゆく。
言葉が透《す》きとおってくるまで削る。
つぎに意味をえらぶ。
厚みのある意味をえらぶ。
鍋《なべ》に水を入れて強火にかけて、
意味をゆっくりと沈《しず》める。
意味を浮《う》きあがらせないようにして
沸騰寸前《ふっとうすんぜん》［②］掬《すく》いとる。

➡解答は79ページ

(1) この詩の1～21行目を四つに分けるとすると、二～四つ目はどこから始まりますか。行番号で答えなさい。（10点）

二つ目（　　）行目
三つ目（　　）行目
四つ目（　　）行目

(2) ―①「かつおぶし」は何をたとえたものですか。（10点）

（　　　　）

(3) ［②］・［③］にあてはまる言葉として、最も適切なものを次からそれぞれ選び、記号で答えなさい。（10点×2―20点）

ア キッと　イ サッと
ウ ポッと　エ ワッと

②（　　）　③（　　）

それから削った言葉を入れる。
言葉が鍋のなかで踊《おど》りだし、
言葉のアクがぶくぶく浮いてきたら
掬ってすくって捨てる。
鍋が言葉もろとも［③］沸《わ》きあがってきたら
火を止めて、あとは
黙《だま》って言葉を漉《こ》しとるのだ。
言葉の澄《す》んだ奥行《おくゆ》きだけがのこるだろう。
それが言葉の一番ダシだ。
言葉の本当の味だ。
だが、まちがえてはいけない。
他人の言葉はダシにはつかえない。
いつでも自分の言葉をつかわねばならない。

＊血合い＝魚の肉の黒ずんだ部分。
＊数字は行番号を表す。

(4) 水の入った鍋に入れたものを、詩の中から二つぬき出しなさい。（10点×2―20点）

（　　　）
（　　　）

(5) 詩の中で、「言葉」の様子を人に見立てて表現している行を探《さが》し、行番号で答えなさい。

（　　　）行目

(6) この詩の内容に合うものとして最も適切なものを次から選び、記号で答えなさい。（20点）

ア 言葉から余計なものを取りのぞき、本当の味わいをよく理解して、自分の言葉を使わなくてはいけない。
イ 言葉を使うのはみそしるを作るのと似ていて、下準備がいちばん手のかかる、大切なことなのである。
ウ 言葉を使っているとだんだんよごれてくるので、たまには洗《あら》って元の形にもどさなくてはならない。
エ 人の言うことばかり聞いていると、言葉の本当の意味を見失うので、自分の言葉で考えるべきだ。

（　　　）

月　日

時間 30分 [はやい25分 おそい35分]
合格 80点
得点　点

1 次の文章を読んで、あとの問いに答えなさい。

遠子《とおこ》は一〇〇〇*を走った。

スタート直後から身体《からだ》が重かった。息が、リズミカルに出てこない。心臓《しんぞう》に空気の塊《かたまり》がある。そう感じるほど息苦しい。①側《そば》をすりぬけていくランナーの息づかいや足音がやけに大きく聞こえた。ゴール直前でも、ぬかれそうになった。足先に、残った力を全部こめて、ダッシュした。これ以上、誰《だれ》にも負けたくなかった。

②パシッ。頭の後ろで、音がした。右足から頭まで電気がはしる。足首が、爆発《ばくはつ》した。そう思いながら、遠子は、ゴールの白線の上に倒《たお》れ込《こ》んだ。

九位。一二人走っての結果だった。

アキレス腱《けん》が切れていた。病院に運ばれ、ギプスをつけられた。そして、夜、四〇度ちかい熱が出た。汗《あせ》がじんわりと身体を包む。耐《た》え難《がた》い程の不快感に包まれる。

③負けたんだ。

呟《つぶや》くと、吐《は》き気がこみあげてきた。

なんでハードルをすすめられた時、もっと一〇〇〇にこだわらなかったのだろう。なんでハードルがなくなった時、

➡解答は79ページ

(1) 走っている遠子が、うまく息ができない様子を、たとえを使って表現している一文を、文中からぬき出しなさい。(10点)

（　　　　）

(2) ——①「側をすりぬけていくランナーの息づかいや足音がやけに大きく聞こえた」のはなぜですか。最も適切なものを次から選び、記号で答えなさい。(10点)

ア 一〇〇〇を走る他の選手を、こわがっているから。
イ 体がうまく動かないことを他人のせいにしたいから。
ウ 自分の体がもたないことをさとってしまったから。
エ 他のランナーにぬかれるのが悔しくて仕方ないから。

（　　）

(3) ——②「パシッ」は具体的には何の音ですか。(5点)

（　　　　）

(4) ——③「負けたんだ」とありますが、このときの遠子の気持ちとして最も適切なものを次から選び、記号で答えなさい。(10点)

言われるがままに、一〇〇〇を走ってしまったのだろう。

惨《みじ》めだった。涙《なみだ》がでた。熱で乾《かわ》いた頬《ほお》にひりひりと染《し》みた。悔《くや》しいとも、悲しいとも感じなかった。ただ、惨めだった。他人の言うとおりにしか動けなかった自分自身が惨めでたまらない。

遠子は呻《うめ》いた。

「どうしたの？　痛《いた》い？」

付き添《そ》っていた新子《しんこ》*が、額の汗をふいてくれる。

「看護婦《かんごふ》さん、呼《よ》ぼうか？」
④頭を横に振《ふ》る。母の声が耳元で囁《ささや》いた。
「我慢《がまん》せんでええのよ。痛かったら、痛いって言いなさい。泣いたかて、かまわんのよ」

泣くもんか。自分でなんにも決められなくて、アキレス腱切って、病院のベッドで動けなくて……。こんな惨めな思いのまま、泣いたりするもんか。

遠子は両方のこぶしで強く目を押《お》さえた。なのに、涙《なみだ》は思わぬ力で盛《も》り上がり、こぼれていく。ひりひりと染《し》みる涙で頬が融《と》けていくような気がする。

奥歯《おくば》を噛《か》み締《し》めて、こぶしに力をこめた。


（あさのあつこ「あかね色の風」）


*一〇〇〇＝陸上競技の一〇〇〇メートル走のこと。

*新子＝遠子の母。

ア　本当はハードルをやりたかったから悲しい。
イ　九位というひどい結果に終わって悔しい。
ウ　人に言われるがまま行動した自分が惨めだ。
エ　けがをするほど無理をした自分が情けない。
（　　）

(5) 遠子はなぜ一〇〇〇を走ったのですか。(10点)
（　　）

(6) ——④「頭を横に振る」というのは何の合図ですか。最も適切なものを次から選び、記号で答えなさい。(5点)
ア　頭痛《ずつう》　イ　肯定《こうてい》
ウ　賛成　エ　否定《ひてい》
（　　）

(7) これから遠子はどうしていくと考えられますか。最も適切なものを次から選び、記号で答えなさい。(10点)
ア　けがに気を付けて、一〇〇〇を続ける。
イ　自分のことは自分で決めて行動していく。
ウ　次はもっといい成績になるよう努力する。
エ　つかれきっているので、陸上をやめる。
（　　）

2 次の詩を読んで、あとの問いに答えなさい。

手

はたち　よしこ

プラットホームに
孫を見送りにきた　おばあさん
列車の　まどガラスに
なごりおしそうに
手を　くっつけている

やがて
おばあさんを　のこして
列車は　発車した

走り去る景色の
まどガラスに
おばあさんの手が
いつまでも
いつまでも　ついてきている

(1) だれとだれの別れの場面ですか。(10点)

（　　　）と（　　　）

(2) 第三連は、どういうことを意味していますか。最も適切なものを次から選び、記号で答えなさい。(15点)

ア 孫を思うあまり、おばあさんが孫についてきてしまったということ。
イ 孫の目には、おばあさんのおもかげがずっと残っているということ。
ウ おばあさんと孫は、ずっといっしょに暮《く》らしていくということ。
エ まどガラスにおばあさんの手のあとが、消えずにあるということ。

（　　　）

(3) 題名の「手」は何を意味していますか。最も適切なものを次から選び、記号で答えなさい。(15点)

ア おばあさんが生きてきた年月。
イ 孫を思うおばあさんの気持ち。
ウ 親しい人との長い別れの合図。
エ おばあさんと孫の楽しい思い出。

（　　　）

● 1日 2・3ページ

1 (1)エ
(2)頭
(3)③ア ④イ
(4)(例)安心した気持ち。
(5)穴があったら潜ってしまいたい(気分)
(6)イ

考え方

1 (1)「そわそわ」は気分が落ち着かない様子を表します。「だらだら」は気分がゆるんでいる様子、「ひしひし」は切実に身にせまる様子、「うきうき」は心がはずむ様子を表します。

(2)何か困《こま》ったことがあって考えごとをするときに「頭を抱える」と言います。

(3)③「失笑」は思わず吹《ふ》き出してしまうときに使います。イは「冷笑」、ウは「爆笑《ばくしょう》」、エは「微笑《びしょう》」の意味です。
④「臆する」の「臆」は「臆病」の「臆」です。相手に気おくれしておどおどするときに使います。

(4)娘が読み上げた内容が間違いではなかったことがわかり、ほっと安心した気持ちが表現されています。

(5)体をかくしたいほど恥ずかしいことを「穴があったら入りたい」と言います。少し前に「穴があったら潜ってしまいたい」とあり、これも恥ずかしい気持ちを表しています。

(6)「胸をそらした」はいい気になって堂々とする様子を表します。アは相手のたのみを引き受ける気持ちを表す動作です。ウは何かを心配する様子を表します。エは深く感動したことを表します。

チェックポイント 慣用的表現を知る
ある言葉が結びついて別の意味をもつ表現を「慣用句」といいます。(4)や(6)の慣用的表現は覚えておきましょう。

● 2日 4・5ページ

1 (1)例えば〜ます。
(2)イ
(3)(例)酸素が多く、水温が変化しにくい産卵場所。
(4)治水
(5)あコンクリート いまっすぐ
(6)それでも・けれども(順不同)

考え方

1 (1)すぐあとに「魚たちの産卵場所」とあるので、「そんなふう」は魚の産卵場所についての説明を指しているとわかります。

(2)卵が無事にかえるための条件を②の前後で並《なら》べているので、「また」が入ります。

(3)「こうした産卵場所」は「理想的な産卵場所」を指していますが、「具体的に説明しなさい」と問題にあるので、「酸素があること」「水温が変化しにくいこと」の二つを書きます。

(4)「治水の重要性」と言いかえても意味が変わらないので、「治水」を指しています。

(5)前の文の内容を指しています。その内容になるように、あ・いに言葉をあてはめます。

(6)「しかし」は前とあとで逆のことをいうときに使う接続語です。これと同じ意味の接続語は「それでも」と「けれども」です。他には、文中にはありませんが、「ところが」「だが」なども逆接の接続語です。

チェックポイント 接続語の種類
接続語は、前後で並べるもの(「また」など)や逆接のほかに、前後が順当につながる順接(「だから」など)、前後から選ぶもの(「それとも」など)、言いかえるもの(「つまり」など)があります。

● 3日 6・7ページ

1 (1)もともとその地に生息していた動物（たちのこと）
(2)イ
(3)(例)カブトムシを自分で採集した。
(4)ウ
(5)ア
(6)(あ)ネットワーク
(い)新しい生物
(7)(例)修復された生態系

考え方

1 (1)一文目に「『在来種』とはどのような動物かというと、もともとその地に生息していた動物たちのことだ」とあります。
(2)[①]の前で「外来種」は「最近のもの」ではないといい、あとで「外来種」がどんなものかくわしく説明しています。前の内容があとの内容の理由になっているので、順接の「したがって」が入ります。
(3)二段落目《だんらく》に「その夢が実現したのは」とあります。「その夢」が何を指すのかを探《さが》すと、前の「夢の中で自分が採集して、興奮している」が見つかります。
(4)どれも「目玉」を辞書で引くと出てくる意味ですが、文中には「町興しの目玉」とあるので、ここでは「中心となるもの」の意味で使われています。
(5)「万歳」は喜びや祝福を表現する動作です。
(6)四段落目に「それを生態系と言う」とあります。生態系を説明した直前の部分からぬき出します。
(7)最後の段落は、その前の内容に続けて、生態系の話をしています。「それ」の前に「修復されたとしても」とありますが、ここでの話題から、生態系が修復されたのだとわかります。よって、「それ」が指しているのは「修復された生態系」です。

チェックポイント　ぬき出しの問題
問題文に「文中からぬき出しなさい」とあるときは、文中の答えにあたる部分をそのまま書き写します。

● 4日 8・9ページ

1 (1)イ
(2)エ
(3)（ぼくは、）はさみでていねいに封を切った
(4)(あ)同い年　(い)イ
(5)胸で大きな花火が広がったようだった

考え方

1 (1)封筒を裏がえして差し出し人を見たとき、「胸でポップコーンがはじけたみたいになった」とあります。胸でポップコーンがはじけるとは、はじけるように強い喜びを表現しています。
(2)「飛びのった」「かけこむ」から急いで部屋に帰っていることがわかります。なぜ急いでいるのかは、そのすぐあとに「ぼく」が手紙を読んでいるので、手紙を読みたかったからだとわかります。
(3)手紙を大事にしているので「ていねいに」切ったのです。
(4)光太が「にこっと笑った」のは、「ぼく」が同い年だと知ったからです。笑うというのは、うれしかったり、喜んだりしたときの表情です。同い年であることがうれしくて、仲良くしたいと思って「ぼく」に笑いかけたのです。
(5)最後の段落《だんらく》で、光太と同じクラスだと知った「ぼく」は「胸で大きな花火が広がった」ように感じています。大きな花火はお祝いを表すものなので、この表現で喜んでいることが示されているのです。

チェックポイント　表情や情景に注目
「うれしい」など直接気持ちを表す言葉のほかに、「笑った」などの表情、「にじが出た」などの情景にも「うれしい」気持ちは表れます。心情は表情や情景からも読み取ります。

● 5日 10・11ページ

1 (1)(あ)悔しがらせてやろう
(い)馬鹿みたい　(う)やばい
(2)イ

(3)(例)自転車で坂を登るのが楽しい気持ち。
(4)イ

考え方

1 (1)表の1の場面は「『ドン!』」～「悔しがらせてやろうかと思ったのだ。」まで、2の場面は「だけど草太は」～「自分の息が乱れているのに気がついた。」まで、3の場面は「体が熱い。」～「体を左右に振って進んだ。」までです。場面ごとのできごとと、そのときの昇平の気持ちを整理しましょう。

(2)「自転車の性能が違おうが、自転車屋の甥っ子が草太に味方しようが、自分はこれだけの差をつけることができる」から、条件が不利でも自分なら勝てる、負けるもんかという、負けずぎらいな性格を読み取ることができます。また、自分(の力)に自信をもっていることもうかがえます。前後の「どんなもんだ」「登り坂の手応えを自分の力のように感じた」もこのような性格を表しています。

(3)このとき草太は、昇平に「楽しげに笑いかけてきた」とあります。また「こうして一緒に走れることを嬉しがっている」とあります。ここから草太の気持ちがわかります。

(4)それまで昇平は、草太に勝つことにこだわって、必死で自転車をこいでいました。けれど、草太が楽しんでいることを知り、必死に草太と争っていた自分が馬鹿みたいだと思え、勝たなくてはいけないというこだわりが消えました。すると、冷静になって、自分の息が乱れていることや、体が熱いこと、脚が疲れていることに気づいたのです。

チェックポイント　心情の変化の読み取り
心情が変化するときには、変化のきっかけとなるできごとがあります。何がきっかけでどんなふうに変化したのか読み取ります。

● 6日 12・13ページ

1 (1)(この弁当は、)昼ご飯と夜ご飯の両方の分だから
(2)①一枝(姉さん)
②一人で秋田に行く
(3)①ア
②(例)一人で秋田に行くのも、知らない人の家で寝泊まりするのも気がすすまないから。
(4)あ(例)部活にうちこめる最後の年
い(例)じゃましたくない

考え方

1 (1)弁当のことを述べていて、最後に「から」がついている部分を探《さが》すと、「この弁当は、昼ご飯と夜ご飯の両方の分だから」が見つかります。

(2)①「話しだしたのは、一枝姉さんだった」とあります。
②一枝が電話で「一人で秋田に行くんだって?」といっています。

(3)①「帰ってあげようか」という言葉を「聞いてすぐ」の翔太の気持ちを答えるので、「つい『うん』といいそうになった」ときの気持ちに合うものを選びます。
②「一人で秋田に行くのも、知らない人の家で寝泊まりするのも、ほんとうのことをいえば、気がすすまない」とあります。

(4)「だけど、『うん』という前に」～「がんばれないことになる」の部分にことわった理由が書いてあります。この部分を参考に、[あ]には一枝のいったこと、[い]には翔太の気持ちを考えて書きましょう。「じゃましては申し訳《わけ》ない」などでも可です。

チェックポイント　理由を表す文末
理由や原因を表す文を書くときは、「～から。」「～ため。」などで終わるように書きます。文中から理由をぬき出すときにはこれらの言葉に注意して探します。

● 7日 14・15ページ

1 (1)しぶしぶ・うんざり(順不同)
(2)(例)上手になってほしいと期待している
(3)ア
(4)(例)みどりは補習をしなくても完璧に弾けるから。
(5)ウ

(6)受けとめ方がちがう
(7)ウ

考え方

❶ (1)文章のはじめに「私はしぶしぶとレッスンに行き、うんざりしながら」と、「私」がレッスンについて、よく思っていないことがわかる表現があります。「なんで?……イヤイヤなんだよ」は会話文なので、答えはここ以外から探します。

(2)「ううん、ちがうよ。……弾けるようにって」にみどりの気持ちが書かれています。

(3)「耳を疑う」は、思いがけないことを聞いて信じられない、聞きまちがいかと思う意味を表す慣用句です。――①直後で「私」が「なんで? なんでなんで」と疑問を連発していることも手がかりになります。

(4)「みどりちゃんは、みどりちゃんの実力より……弾けるのがわかっているから」に、先生がみどりに補習をしない理由について、「私」が考えていることが書かれています。この部分の内容をまとめます。

(5)みどりと「私」の会話から、補習について、「私」は「うんざり」なのに、みどりは「うらやましい」と思っていることがわかります。それを知った「私」は「本当に、すごい衝撃を受け」ています。つまり、おどろいているのです。

(6)「それ」が指すのは、直前の「人によってこんなに受けとめ方がちがう」ということです。

(7)直前に「怖いと思った」とあるので、「恐怖」があてはまります。

チェックポイント　穴《あな》うめ問題の注意点

文章や問題の文に言葉を入れる問題は、空らんの前後の内容を読み取ります。選んだ言葉を入れてみて、文の意味がしっかり通じるか確認《かくにん》し、通じなければ、まちがった言葉を選んでいることになります。

● 8日　16・17ページ

1 (1)イ
(2)2(段落)
(3)1(段落)
(4)エ
(5)6(段落)
(6)ア

考え方

1 (1)1段落の要点は「天守閣はいったい何のためにつくられるのでしょうか」です。1段落の役割は、問題の提起です。

(2)「筆者が予想した読者の反応」は、2段落の「とまどうかもしれません」「あたりまえのことではないか。……最後にたてこもって戦うところだ」の部分に述べられています。

(3)「そんなこと」は、1段落の「天守閣はいったい何のためにつくられるのでしょうか」を指しています。

(4)3段落で「天守閣は敵が攻めてきたときに、最後にたてこもって戦うところ」という読者の想像について反論しています。4段落は「さらに」と3段落に追加して、天守閣では生活もできないことが書かれています。

(5)天守閣がなぜつくられたのかについての結論は、6段落に、権力をみせつけるためだということが書かれています。

(6)3・4段落は、城に利用価値がないことの説明で、内容が共通しているので分かれません。1・5段落は問題の提示、2・6段落はそれぞれ予想される読者の反応と、筆者の結論が書かれています。

チェックポイント　接続語に注目

段落の関係の問題では、段落のはじめの接続語に注目します。「さらに」は前の内容に追加するときに、「では」は話題を変えるときに使うなど、接続語で段落の役割がわかります。

● 9日　18・19ページ

1 (1)生産
(2)草(を)牛肉(ウシの肉)(に変える。)
ミミズの肉(を)コイの肉(に変える。)
(各組み合わせで順不同)
(3)エ

(4)④(段落)
(5)⑤(段落)
(6)エ

考え方

1 (1)①・②段落で「生産性の高い場所（生態系）」について、③段落以降《いこう》は「動物も、……生産をしてい」ることについて述べています。
(2)ウシの肉をヒトの肉に変えるというのは、何かを食べて、自分の体にすることです。同じように、何かを食べて自分の体にしている例を探《さが》すと、④段落に「ウシは草を牛肉に変えてくれます」「ミミズの肉をコイの肉に変えてくれる」とあります。
(3)前に「コイの肉は美味しい」とあり、あとに「人とミミズの間にコイが介在することにより、私たちは人らしい食生活を営むことができる」とあります。あとの内容から、人はミミズを直接食べるのではないことがわかるので、エがあてはまります。
(4)――③をふくむ文に、「一見、私たちの生活に関係なさそうにみえる生物が実は大きな意味をもっている」とあります。「関係なさそうにみえる生物」の例として、④段落でミミズが挙げられています。
(5)⑤段落はそれまでの具体例をまとめた内容なので、ここが筆者の主張だとわかります。
(6)(4)(5)の解説から、⑤段落の内容に合うものを選べばよいことがわかります。アは③段落の内容であるうえに、それが「不思議」とは述べられていません。イのように「自然をこわしてはいけない」とは述べられていません。ウは文中に書かれていない内容です。

チェックポイント　説明文・論説《ろんせつ》文の主題
説明文や論説文の主題とは、筆者の意見、考え、主張と言いかえられます。筆者が具体例などを使って、何を言いたいのかを読み取ります。

● 10日 20・21ページ

1 (1)不足
(2)ばかなこと
(3)大豆
(4)(例)大豆を買えなくなったから。
(5)あ原点　い食
(6)ウ

考え方

1 (1)文章のはじめに「日本ではいま大豆がひじょうに不足しています」とあり、話題を示しています。
(2)最後の段落の「米離れしたから……お金を出します」が――①と同じことを述べています。これについて、「……というようなばかなこと」と評価しています。
(3)休耕田に何をつくることを主張しているのか探します。同じ段落のおわりに、「そこに大豆をつくることをすすめています」とあります。「そこ」は「休耕田や耕作放棄農地」を指しているので「大豆」をぬき出します。
(4)大豆をアメリカやカナダ、南米からも輸入している理由は「これはたいへんだということで」です。何がたいへんなのかというと、「中国からほとんど大豆が入らなく」なってしまったことです。「なぜ」と理由を聞かれているので、「〜から。」などの形で答えます。
(5)――④は前の段落の内容を指しています。設問の文と前の段落の内容を照らし合わせて、あてはまる言葉をぬき出します。
(6)最後の二つの段落の内容に合うものを選びます。「大豆がなくなると」日本人の「民族の食が消えてしまう」、だから大豆がなくならないように「みんなで休耕田に大豆をつくろう」ということが筆者の主張です。

チェックポイント　筆者の考えの読み取り
説明文や論説文では、くり返されている言葉や、文章の最後の段落に注目します。そこに筆者の考えが書かれていることが多いのです。

● 11日 22・23ページ

1 (1)①黄砂　②黄砂　③砂漠化
④慣れ

(2)(例)いつでもあるものだ
(3)エ
(4)ウ

考え方

1 (1)①～③段落は、黄砂の飛ぶ地域に住む人たちが、黄砂に慣れてしまって、黄砂を抑えなくてもいいと考えていることが書かれています。④～⑥段落は、黄砂による被害とそれに対する人々の反応が具体的に書かれています。⑦段落は、話題が変わって、砂漠化が進んでいることが書かれています。⑧・⑨段落は、これまでの内容をふまえて、「慣れ」について筆者が考えたことが書かれています。

(2)□の直後の「という慣れ」に注目して、③段落と照らし合わせて考えます。

(3)⑥段落の「いつものことだからしかたがない」や⑨段落の「真実を……止めてしまった生き方」に着目します。どうしようもないのだからという「あきらめ」が「慣れ」につながっているのなら悲しいと筆者は述べているのです。

(4)文章全体の内容に合うものを選びます。砂漠化が進んでいるので、砂漠を緑化することは大切だといえます。しかし現地の人たちは黄砂に慣れてしまっていて、黄砂を抑える必要性がわかっていません。また、⑧・⑨段落で「慣れ」について「怖く思えてきました」「生き方まで考えさせられます。……」とあります。これらに合うのはウです。

チェックポイント　要点をつかむ

文章や段落の要点をつかむには、話題となっていることや、くり返されている言葉に注目します。大事な言葉がわかると、それについてどう書いてあるのかを読み取って、要点をつかむことができます。

● 12日　24・25ページ

1 (1)(例)歴史的事件がまるで因果関係に基づいて整然と配列されているかのように書いてあること。
(2)(例)決められている(七字)
(3)イ
(4)イ
(5)ウ

考え方

1 (1)「そう」と指示語があるので、前の内容について言っていることがわかります。「どのようなことに」と聞かれているので、前の文の言葉を使って「～こと。」とまとめます。

(2)⑥段落では未来の出来事について「わかっているのは『あらかじめ決められていた通りのことが起こる』ということは絶対にないということだけです」とはっきり述べています。設問の文にあてはまるように、簡潔《かんけつ》な言い方を考えて答えましょう。「予測できる」なども可です。

(3)①～④段落では、歴史上の出来事は必然的に起こったかのように言われるが、起こると決まっていたわけではないこと、起こることが予見できた人はほとんどいなかったことが述べられています。⑤・⑥段落では、未来についても、何が起こるか決まっていないと言っています。⑦～⑨段落では、未来が未決定であることを強調し、これに対する筆者の考えが述べられています。

(4)①段落で「ほんとうにそうなのでしょうか」と問題を提起し、②段落で例を挙げて説明したあとで、⑤段落以降《いこう》に筆者の考えを述べています。

(5)この文章では最後の⑦～⑨段落で筆者の最終的な考え(結論)が述べられています。この部分の内容に合うものを選びます。

チェックポイント　文章構成をつかむ

文章構成をつかむには、指示語や接続語などに注意し、文の流れを理解し、段落の関係を読み取ることが大切です。

● 13日　26・27ページ

1 (1)音楽会
(2)優美
(3)イ

(4)ア
(5)あ好き　い木
(6)あア　いウ

考え方

1 (1)一行空いたあとの文で「音楽会で、木琴叩くんだ」とあります。よって前半で書かれていたのは、音楽会の合奏の練習の場面ということになります。

(2)「こいつ」は木琴で「みごとなトレモロ」を弾いた人を指します。同じ段落《だんらく》の最初に「優美がつかつかと歩み寄ってきて」とあるので、優美を指しているとわかります。

(3)優美は「あたしだって、サッカーやりたい」のに「練習の時間」だから、練習をしない男子に注意しています。やりたいことよりも、やるべきことを優先《ゆうせん》していることがわかります。

(4)「堂々としていて何でもできる」、木琴の腕前《うでまえ》に「拍手したくなった」など、優美を認めつつも、「こえぇ」「にらみつけられた」と仲は良くない様子が書かれているので、アが適切です。

(5)うまく弾けずに「うんざり」と思っていた木琴ですが、デンさんに「木琴は木だぞ」と言われ、木は好きだったので、木琴も好きになれるかもしれないと思い、「近づいてきた」と感じたのです。

(6)地の文とは、小説の会話文以外の文のことです。会話文はだれかの発言で、「　」がついたところを指します。この文章では、言葉として正しい「わたし」と、より発言に近い「あたし」を、会話文と地の文で使い分けています。

チェックポイント　会話文の読み取り
会話文では、人物の性格がより表れるように書かれることがあります。どんな言葉づかいをしているかをもとに、どんな人物なのか想像しながら読みます。

● 14日　28・29ページ

1 (1)逆上がり
(2)葉太　迷うことな
望果　望果は目を
(3)もう少しや〜まうのだ。
(4)ウ
(5)あできてたこと　いイヤ
(6)(葉太は、)ベンチの反対側のはしっこにすわった。

考え方

1 (1)「それでもやめるわけにはいかなかった」から「逆上がり」をしているので、これまでもずっと逆上がりの練習をしていたとわかります。

(2)望果は葉太が来たことを「超メイワク」、「女子のお見舞いは女子」といっていることから、男子の葉太と仲良くしたくないとわかります。一方、葉太は気にしていません。

(3)「もう少し……しゃべってしまうのだ。」は、望果も本当はここまでいわなくてもいいと思っているのに、ついつい言葉がきつくなってしまっていることを表しています。

(4)望果ににらまれたことが理由です。

(5)望果自身が「今までできてたことができなくなるって、イヤなもんだよ」といっています。

(6)えんりょをしているからなるべく遠くにすわったのです。

チェックポイント　行動の原因をつかむ
物語では、人物の行動の原因となる心情をつかむことが重要です。望果が鉄棒をしていることや、葉太がはしっこにすわったことも、原因となる心情があることを読み取ります。

● 15日　30・31ページ

1 (1)ア
(2)(例)強くたくましい人。
(3)イ
(4)ウ
(5)エ

考え方

1 (1)「ちょっと声をかければすぐに集まって、

助け合って」「楽しい時間を過ごす」に合う言葉は「わいわい」です。「さくさく」はものごとが順調に進む様子や食べ物の食感、「はるばる」はとても遠い様子、「はらはら」は心配する様子などを表します。
(2)「ヒサダさんはこういう友だちがいるから、強くたくましくいられるのだろう」とあります。
(3)「私たちは、無理ですよぉ」「大人になってまでつづくどころか、……目の前にせまっている」から、あかりは由香や桃子とは「大人になってもずっと仲良しでいられる」、親友になれるとは思っていないことがわかります。
(4)ヒサダさんは続けて「それだけで、こんな大変なことをするかなあ」といっています。「それ」とはあかりのいったチアダンスをする理由を指しています。「由香がドイツにいっちゃうっていうから」「やってあげなきゃって感じで」というだけでなく、おたがいを大切に思っているから、大変なこと(チアダンス)もできるのでは、と考えているのです。
(5)「心に染みる」はじんわりと感動が広がる表現で、これには「しみじみ」が合います。「見事な夕焼け」ではない「心に染みる夕焼け」は、「親友」ではないけれど、心にひびく三人の関係をたとえています。

チェックポイント 様子を表す言葉
「わいわい」や「しみじみ」など様子を表す言葉はたくさんあります。作者の感性で独特の使われ方をするときもありますが、一般《いっぱん》的な使われ方は、覚えておきましょう。

● 16日 32・33ページ

1 (1)(例)若い時分の
(2)エ
(3)イ
(4)①(例)桃の花か菜の花を買うこと。
②(例)祖母に似合わない
(5)(例)季節に合わない花をほしがったから。
(6)ほいほいと声を上げて泣いた

考え方
1 (1)葬式での写真は、ふつうはなくなった年に近い写真を使いますが、祖父は「若い時分の祖母の写真を飾った」ので「そりゃないでしょう」と父が言ったのです。
(2)祖母を迎えたときの「記念の一枚」を「そりゃない」と言われて腹を立てたのです。
(3)「腕」には技術・技量を表す意味があります。「腕前」「腕が立つ」などと使われます。
(4)①「僕」の行動から考えます。
②「飾られている花」が「家じゅうを埋めつくしていた白菊の花」であることを読み取りましょう。
(5)「花の季節を知らなかった」とあり、桃の花や菜の花が季節外れであることを知らなかったことがわかります。
(6)祖父は「僕」を叱ろうとしていましたが、菜の花の花束に気付いて泣きました。泣いた理由を「僕」は「祖父にとっても……思ってくれたのだろうか」と想像しています。また、そういった花を「僕」が必死に探してきたことにも感動したのでしょう。

チェックポイント 人物像の読み取り
「人を張り倒す」とあると、一見乱暴《らんぼう》な性格に思えますが、そのように決めつけず、乱暴な行動に出た理由を読み取り、人物像を的確にとらえます。

● 17日 34・35ページ

1 (1)エ
(2)(例)弁当について子どもにいっさい口出しされたくないという思い。
(例)ほかの児童たちの美しい弁当に負けたくないという思い。(順不同)
(3)Ⓐ自分 Ⓘたいへん
(4)ウ
(5)生活
(6)(例)愛情

考え方
1 (1)「記憶にあるのは色鮮やかな、好きなおかずの多い弁当ばかりで、しかも、別容器につねにデザートがあった」のだが、実際には「私のお弁当だけ真っ茶色で格好悪いってあんたが言うから、色づかいにはそりゃあ気を配った」「みんなのお弁当にはフルーツが入っているのに私のには入ってないってあんたが言うから」と書かれており、記憶の中の弁当だけが母親の弁当ではなかったことがわかります。

(2)「母はたいへんな負けず嫌いだったのだと思われる」に続けて、母がどんな思いで弁当を作っていたかが二つ書かれています。

(3)「毎日弁当を作っていて実感するのは、母の偉大さ」とあり、そのあとに具体的な弁当作りのたいへんさが書かれています。

(4)母が当時、怒りださず、その怒りがまだ残っていることを「ちゃぶ台がなかったから」とユーモアを感じる書き方で表しています。

(5)「だれかのために作る弁当は、生活なのだ」と書かれています。

(6)母が子に作る弁当には、愛情や成長への願いなどがこめられていると考えられます。

チェックポイント　筆者の独特の表現

随筆には、筆者の独特の感性でものごとを見て、そこから感じたことや考えたことなどが書かれています。表現のおもしろさや、筆者の目のつけどころのするどさなどを楽しんで読みます。

● 18日　36・37ページ

1
(1)①(例)外に出て、植物に名前をつけること。
②フィールド実習
③あ植物観察(自然観察)(四字)　い期待(二字)
う行動力(三字)　(い・うは順不同)
(2)あ能率的
い一生涯忘れ得ないもの
(3)イ
(4)盲学校の教育

考え方

1 (1)①先生が「これから外に出て植物に名前をつけよう」と言っています。

②「これはまさにフィールド実習そのものではなかったろうか」とあります。

③「そしてそれは、家にこもりがちな盲学生たちを自然界に誘い、植物観察に熱狂させ、さらに次のステップに進むための期待と行動力を与え得る貴重な授業だった」とあります。

(2)盲学生の学習については「目が見えない以上」で始まる段落《だんらく》に書かれています。ここから文に合う言葉をぬき出します。

(3)筆者は自分の自然や環境についての知識が樹木のように育ち、「いつか花開く可能性」を感じています。知識が花開くとは、何かの活動や本などの形になるといった成果をもたらすことを表しています。

(4)「盲学校の教育に、敬意を表さずにはいられなくなる」から、盲学校の教育に感謝していると考えられます。

チェックポイント　似た表現に注目する

文章と、問題の文では、そっくり同じ表現ではなく、似た表現を使っている場合があります。「熱狂」が「熱中」となっていたり、「敬意を表さずにはいられない」が「感謝している」となっていたりします。問題の文の意味をつかみ、同じ意味の言葉が書かれているところを文中から探《さが》します。

● 19日　38・39ページ

1
(1)イ
(2)ア
(3)(例)あまりカッコよくない役。
(4)あ自分　い主人公
(5)名前
(6)イ

考え方

1 (1)先生は、「おまえはどげん思うんな」「みんなどげん言うとる?」と少年とクラスのみんなの意見を聞いて、少年が「いいと思います」と返事をし、楽しそうに稽古していると答えると「ほな、これでいこう」と言っています。少年とみんながいいと思うなら、問題ないと思っているのです。

(2)「拍子抜け」は「張り合いがなくなること」を意味します。わざわざ相談したのに、張り合いがないほどあっさり「かまやせん」と言われたことを表します。

(3)先生が「もうちいとカッコのええ役にすりゃええのに」と言っていることから、北風はあまり「カッコのええ役」ではないと先生が考えていることがわかります。

(4)先生は「大事なことがわかっとらん」と言ったあとに、脇役にも名前をつけるよう言っています。その理由は「そのひとにとっては自分が主人公」だからです。このことを、少年は「わかっとらん」と言っているのです。

(5)先生が脇役にも何をつけるべきと考えているのかは「登場人物全員に名前をつけろ、と言われた」から「名前」だとわかります。

(6)劇の時間が少しくらい「オーバーしても、かまやせんわい。どうせ三組が最後」とその場に応じて考えられ、また、人はみな主人公であると、一人ひとりを大切にする考えをもった人物であると読み取れます。

チェックポイント 理由をとらえる

どんな人物か答える問題は、どんな人物といえるかの理由が文中にあるはずです。その人物が言ったことやったことに注目して、人物像を答えます。

● 20日 40・41ページ

1 (1)親子

(2)①形 ②声(①・②は順不同)
③しぐさ ④条件

(3)子どもらしさ

(4)だから、つ

(5)イ

考え方

1 (1)一行目に「キツネの親子の絆は」とあり、あとに続く内容も、キツネの親子の話です。

(2)「先天的」「後天的」という言葉に注目すると「基本的には先天的なもの」で始まる段落が見つかります。ここに「先天的なもの。……これは最低限の条件」とあります。また「刺激に対する反応、しぐさなど後天的なもの」とあります。

(3)この「消えてゆくもの」は子どもの成長につれて「消えてゆくもの」を指しています。二つあとの段落に「〝子どもらしさ〟が変化し、また消えていった」とあります。

(4)親が成長した子どもを受け入れていないので、成長した子を「追い出しておきながら」、食物を見つけると「さあ子どもたちにこれを運ばなければ」と思うのです。

(5)「他者の子どもでも……容易に受け入れている」「(子どもらしさが)無償の育児本能をくすぐる」「今まで子どもの表情をしていた眼前の生き物が、自分とまったく同じ成獣となり、ライバルに変身して登場」という内容に合うのはイです。

チェックポイント 表にまとめる

表の穴《あな》うめ問題は、表に何が書いてあるのかをよく確かめ、文章のどの部分に対応するかを考えます。

● 21日 42・43ページ

1 (1)製品

(2)エ

(3)お金をかせぐためだけの仕事

(4)情熱

(5)ウ

(6)ア

考え方

1 (1)旋盤や溶接でつくるもので、あとに「できあがった製品」とあるので、ここでは「製品」を指していることになります。

(2)前では『これはわたしがつくったんだ』と思うことができました」とあり、あとでは「『自分がつくった』とは思えなくて」と逆のことが書いてあるので、逆接の「ところが」があてはまります。

(3)2段落に「ニンベンをとってしまうと、お金をかせぐためだけの仕事になってしまう」とあります。

(4)文のはじめに「それではいけないと反省して」とあります。「それ」は「いいものをつくろうという情熱をなくしてしま」うことです。そのことを反省しているのですから、「情熱」をもった人を育てることが大切なのです。

(5)前の段落から続けて、活躍するロボットの例を具体的に挙げています。

(6)「わたしは、NC旋盤やロボットという機械が悪いなんてすこしも考えていません」「技術の進歩にたよるあまり人間がなまけ者になってはならない」「機械の能力をもっとよくするために勉強したり工夫したりするべき」とあり、これに合うのはアです。

チェックポイント　段落の役割

段落の役割を答える問題は、問題となっている段落と、その前後の段落の関係をとらえましょう。前の段落に続いているか、話題が変わっているか、これまでの段落すべての内容を受けているかなど、他の段落との関係を明らかにすることで、段落の役割がわかります。

●22日　44・45ページ

1　(1)ウ

(2)(例)長い間作物を作ってきたように見えるが、十年前は森だったところの風景。

(3)(例)ジャワ島やバリ島(など)。

(4)オイルパーム(油椰子)

(5)お金に換えられる作物

(6)(例)食べ物が何もないから。(十一字)

(7)あ森と共に生きてきた人たち

い行き場　う森の民としての誇り

考え方

1　(1)「もう」はすでにそうなっていることを表すので「ずいぶん長い間」に、「たった」は数が少ないことを強調するので「一種類」に合います。

(2)「十年前」「作物」が文中でどう使われているかを読み取ってまとめます。

(3)「ジャワ島やバリ島など、人口の多い島から人を移住させて」とあります。

(4)「一種類の植物で埋め尽くされた不自然な森」「その植物の名前は……」と書かれています。

(5)「その名前からも」ではじまる段落《だんらく》で説明されています。

(6)「豊かな森に見える」が、もとの森とはちがい、オイルパームの森にはオランウータンなどの食べ物がないのです。

(7)サイード君は「問題はオランウータンのことだけじゃない」と言って、もとから住んでいる人たちのことを話しています。最後の段落をよく読み、問題の文にあてはまるように言葉をぬき出します。

チェックポイント　指定の言葉がある問題

「十年前」という言葉を使って書きなさい、のように指定の言葉がある問題は、その言葉が文中で使われているところを探《さが》し、その前後を答えになるようにまとめます。

●23日　46・47ページ

1　(1)(例)葉っぱから水を蒸発させて(冷やす。)

(2)ウ

(3)ア・オ(順不同)

(4)あ暑さ(猛暑)　い夜(の間)

う光合成

(5)(例)(植物が)夜の間に水を吸収して、からだにため込んだこと。

(6)余った水

考え方

1　(1)「葉っぱは、水を蒸発させることで、からだの温度を冷やします」とあります。

(2)「水を蒸発させることで、からだの温度を冷や」すために、「夏の昼間、植物は多くの水を使」うのですから、理由を示す「そのため」があてはまります。

(3)「森や山に育っている樹木は、広い範囲に根を張りめぐらせている」「樹木たちの下に生きる小さな木や草は陰になっているので、強い光が当たりません。だから、水不足になることはありません」とあります。強い光が当たらなければ、からだを冷やす必要がないので水を多く使うことはないのです。

(4)夏に植物が乾くのは昼間の「暑さ」のためです。夕方に水をまくのですから、「水を吸って元気」になるのは「夜の間」です。また、「朝の太陽の光を十分に水をもった状態で迎え、元気よく光合成をはじめます」とあるので、朝からすることは「光合成」です。

(5)「……を示すのに、『溢水』という現象があります」から、「……」の部分をまとめます。

(6)「露」と「溢水」のため、朝早くに野原を歩くと履き物や服が濡れるのです。「溢水」は前の段落《だんらく》に「余った水が溢れ出てきたのです」と説明されています。

チェックポイント　情報をつなげる

光が当たらないことがなぜ水不足にならない理由になるのかは、前の段落に「強い光を受けている葉っぱは、水を蒸発させることで……」と説明されています。文章を読むときは、前やあとの説明とつなげて読むことが大切です。

●24日　48・49ページ

❶
(1)ウ
(2)ア
(3)体系的に物～とができる(こと。)
読みやすく～りしている(こと。)(順不同)
(4)勘違い・思い込み(順不同)
(5)もう一つ大
(6)ウ

考え方

❶ (1)はじめの段落《だんらく》に、ネットでの情報収集の利点が書かれています。ウ「本よりネットのほうが信用性が高い」という内容は書かれていません。

(2)①前では、本を読まなくてもいいのではないかという意見を出し、あとでは本を読む理由を述べています。前後で逆のことが書いてあるので「しかし」があてはまります。②前ではネットのことを、あとでは本のことを説明しています。二つを比べているので「一方」があてはまります。

(3)一つは前半にある、ネットの情報は断片的だが本は体系的であるということ、もう一つは後半にある、本は他人の指摘や手が入っているので読みやすく、一定のレベルが保証されるということが、筆者が挙げている本のよさです。

(4)本は、著者が勘違いや思い込みによるまちがいをしていても、編集者と校閲者が内容のチェックをするので、一定のレベルになるのです。「思いつき」はまちがいとは言えないので、ここにはあてはまりません。

(5)あとの二つで本のよいところを説明しています。「もう一つ大事なことがある」以降《いこう》から、本のよさについて、別の理由を述べ始めることがわかります。

(6)筆者はネットを否定《ひてい》はしていませんが、本の価値をより高いと考え、本を読みたいと主張しています。

チェックポイント　問題文をきちんと読む

「適切でないものを選ぶ」「○字で探す」「記号で答える」など、問題文をきちんと読み、それに合った答え方をしないと、内容は合っていても点数にならないので注意します。

●25日　50・51ページ

1
(1)四(連)
(2)①ちょっとのことにはゆるがない／明るい顔でいつもにこにこ笑っている
②エ
(3)㋐小さな　㋑ぼくの村
(4)イ

考え方

1 (1)行間の空いた部分で連が分かれます。

(2)①山から降りて来た人の様子を表現している部分を探します。すると、最後の連で「山から降りて来た人は……ちょっとのことにはゆるがない／明るい顔でいつもにこにこ笑っている」とあります。「ちょっとのこと

解答

にはゆるがない」は「胸を大きく張って／ゆったりしている」に、「明るい顔でいつもにこにこ笑っている」は「どの顔も明るくかがやいて見える」にそれぞれ合います。

②二・三連にあることに合うものを選びます。小さな村で感情をみだしていることを「ばかげたこと」とささいなことに感じ、「希望で胸がぐんとふくらんで」「腹もすわってくる」、つまり度胸がつくと書かれています。

(3)「手のひらのような」は頂上から見た村の大きさをたとえています。

(4)「太い鉄でも飲みこんだように」から、腹がすわる様子を考えます。重々しくゆるぎない様子が想像できます。

チェックポイント たとえの表現

詩では、たとえの表現がよく使われます。たとえが何のどんな様子を表しているのかを読み取ることが大切です。この詩では、「手のひらのような」「太い鉄でも飲みこんだように」と使われています。筆者がどんな様子を読者に伝えたいのかを考えて、表現を味わうようにします。

● 26日 52・53ページ

1 (1) d

(2) イ

(3) 七(連)

(4) ㋐主張　㋑魂(傷)

(5) イ

考え方

1 (1)「食べていいものだろうか　こんな樹を」はふつうの語順とちがいます。ふつうの語順だと「こんな樹を　食べていいものだろうか」となります。同じようにふつうの語順とちがうのは、dの「根こそぎにされても　甦る森が必要です！／あなたの魂は　この森で傷をいやすのだから。」です。前後の行を入れかえると、ふつうの語順になります。

(2) 次の連に「胸いっぱいに幹を立ち上げ　緑を広げ／わたしのなかに　樹の形の森をつくる」とあります。噛み砕いて食べてしまっても、自分のなかに入るとまたブロッコリーの「森をつくる」のです。

(3)「そうして／胸のおくから　主張する」に続けて、ブロッコリーの主張が書かれています。

(4)「せかさないでね」と言った理由は、最後の連に書かれています。ブロッコリーの「からだのなかにも……傷をいやすのだから。」という主張を「青臭い木霊」としてそのままにするか、主張を受け入れて、「わたしの魂を／その森に　ゆだねていいものか／真剣に考えてるとこ」だから、「せかさないで」と言っているのです。

(5) ブロッコリーの形から森を連想し、ブロッコリーを食べると自分のなかに森が広がり、そのブロッコリーが魂をいやすと主張しているという内容の詩です。この内容に合うのはイです。

チェックポイント 詩の表現技法

詩には表現技法と呼《よ》ばれるものが使われることがあります。問題にあるような、語順をいれかえる技法(倒置《とうち》)の他に、「もの」や「こと」などの名前で行を終える技法(体言止め)、人ではないものを人に見立てる技法(擬人《ぎじん》法)、何かにたとえる技法(比喩《ひゆ》)などがあります。

● 27日 54・55ページ

1 (1) ㋐五　㋑七　㋒七　㋓季語

(2) 空の青・海のあを

(3) 最上川の／上空にして／残れるは／いまだうつくしき／虹の断片

(4) ①C　②E　③B

(5) しんしんと／肺碧きまで／海の旅

(6) 冬

(7) 蝶

(8) 夏

(9) H

考え方

1 (1) 短歌は五・七・五・七・七の三十一音、俳句は五・七・五の十七音が定型の形です。

(2)「染まず」は「染まらないで」という意味です。白鳥が「空の青」にも、「海のあを」にも混じらないで白いことをよんでいます。
(3)五・七・五・七・七になるように分けますが、最初の句は六音になっていることに注意します。字数が定型より多いことを「字余り」と言います。
(4)①「緑」は「草わかば」、「赤」は「色鉛筆の赤き粉」を指しています。②「咲こうとする花」が「咲かむとすなり山桜花」を指しています。③「麦わら帽子」が夏を表しています。夏の思い出をなつかしんで、麦わら帽子のへこみもそのままにしているという短歌です。
(5)五・七・五になるように区切ります。
(6)「スケート」は冬のスポーツなので、冬の季語です。
(7)季語は「蝶」で春の季語です。
(8)夏の生き物である蚊が、秋になってもいたけれど、夏とはちがって「よろよろ」している様子をよんだ句です。
(9)Hは、算術(算数)が思うようにできない少年が、声を出さずに泣いているという句です。

チェックポイント　俳句の季語

俳句には原則として季節を表す言葉である季語が入ります。俳句を味わうときには、季語は何か、季節はいつかを考えて読みます。

●28日 56・57ページ

1 (1)①明けゆく ②(例)時(間)
(2)①パス(ワーク) ②イ
(3)①夏 ②エ
(4)①寒い海 ②ア

考え方

1 (1)①すぐあとに「夜明けの大合唱」とあることから、夜明けを表す言葉を短歌の中から探《さが》します。②ひぐらしの鳴き声が増え、「早起きの……ついには大合唱となって朝をむかえる」から、時間の経過がよまれているとわかります。
(2)①短歌の中に「パスワークする」とあります。②少年がバスケットをしている様子を観察している短歌です。
(3)①季語は「甲虫」です。「甲虫」は夏の生き物です。②この「や」は切れ字といって、俳句の切れ目を表します。また、切れ字の前の言葉が作者の感動の中心であることを示す役目もしています。
(4)①「水枕」を「寒い海」のようだと感じています。②水の音を「ガバリ」と表現するのは独特です。また、鑑賞文の内容にも合うので、アが適切です。悲しさではなくこわさを感じているのでイはちがいます。「海に行きたい」「熱が下がった」ということは読み取れないのでウ・エもちがいます。

チェックポイント　俳句の切れ字

俳句には感動の中心を表す「切れ字」というものがあります。現代では「や」「かな」「けり」が多く使われています。これがあると、句がいったん切れて、作者が感じた感動がそこにあることを伝えるのです。問題にもなりやすいので覚えておきましょう。

●29日 58・59ページ

1 (1)(例)つかまらないようにする
(2)いたづら者
(3)(例)声を出す
(例)足音をたてる(順不同)
(4)身分の高い(鼠)
(5)(例)音をたてる(鳴る)
(6)ウ

考え方

1 (1)鼠たちは集まって、いつも猫につかまってしまうことについて「どうしたらいいだろうか」と話し合っています。
(2)「猫といういたずら者」とあります。「いたずら者」は古文では「いたづら者」と書かれています。このような書き方を「歴史的仮名《かな》づかい」と言います。

(3)「ひそかに近づきたる」の前後の現代語訳を確かめましょう。鼠たちは「あの猫が、声を出すか、もしくは足音がすれば、前もって用心できるのだが、ひそかに近づくから、油断してつかまえられてしまう」と言っています。猫は声も出さず、足音もたてないので、鼠をつかまえられるのです。

(4)古文と現代語訳を照らし合わせて、対応している部分を探《さが》します。「上臈」という漢字にとらわれず、文脈を見て考えましょう。

(5)猫の首に鈴をつけていれば、猫が声をあげず、足音をたてなくても、鈴の音がします。この鈴の音で猫が近づいてきたことがわかり、鼠たちは用心できるのです。

(6)年寄りの鼠の提案はみんなに「もっとも」と同意されました。しかし、だれも猫の首に鈴をつけに行きたがらなかったので、会議は結論が出ないで解散してしまったのです。このことに合うのはウです。

チェックポイント　現代語訳との対応

古文はそれだけでは意味がわからない単語が出てくるときがありますが、現代語訳と対応させて、意味をつかみます。現代語訳は、おおよそ、古文と同じ語順で、同じ流れで書かれているので、現代語訳のどの部分が、古文のどの部分の訳なのかわかれば、古文の意味もわかってきます。

● 30日　60・61ページ

❶ (1)二つ目4行目
三つ目9行目
四つ目15行目
(2)言葉
(3)②イ　③エ
(4)意味・(削った)言葉(順不同)
(5)16行目
(6)ア

考え方

❶ (1)「はじめに」「つぎに」「それから」という順序を表す言葉に着目します。
(2)「かつおぶしじゃない。／まず言葉をえらぶ。」から「かつおぶし」が「言葉」にたとえられていることがわかります。
(3)②は「沸騰寸前」に急いで掬う様子に合うものを、③は「言葉もろとも」とあることから勢いよく沸きあがる様子に合うものを選びます。
(4)言葉といっしょに鍋に入れているのは「意味」です。
(5)「踊りだし」はふつう人の動作です。ここでは「言葉」が鍋でゆでられて浮き沈みする様子を表現しています。
(6)言葉を削ることは、「言葉から余計な情報を取りのぞき」に合います。言葉を入れる鍋に意味をゆっくり沈めることは、「本当の意味をよく理解して」に合います。最後に「自分の言葉をつかわねばならない」とあり、詩の内容に合うのはアです。イ「下準備がいちばん手のかかる」、ウ「元の形にもどさなくてはならない」、エ「人の言うことばかり聞いている」は詩の中にありません。

チェックポイント　たとえをつかむ

はっきり「○○は××のようだ」とは書かずにたとえを使うことがあります。そういった詩や文章では、何を何にたとえているのかしっかりつかみます。

● 進級テスト　62〜64ページ

❶ (1)心臓に空気の塊がある。
(2)エ
(3)(例)アキレス腱の切れた音。
(4)ウ
(5)(例)人に走れと言われたから。
(6)エ
(7)イ

❷ (1)孫(と)おばあさん(祖母)(順不同)
(2)エ
(3)イ

考え方

❶ (1)本当に「心臓に空気の塊がある」わけでは

なく、うまく息ができなくて、そのように感じたということです。「～ような」などのたとえを表す言葉を使わずに、うまく息ができない苦しさをたとえています。

(2)「これ以上、誰にも負けたくなかった」に着目します。他のランナーが自分をぬいていくのが気になっているので、息づかいや足音が「やけに大きく聞こえ」るのです。

(3)「パシッ」は「頭の後ろ」でした音で、「足首が、爆発した」音です。あとに「アキレス腱が切れていた」とあり、具体的にはアキレス腱が切れた音だとわかります。アキレス腱とは、ふくらはぎの筋肉《きんにく》と、かかとの骨を結ぶ腱です。腱とは、筋肉と骨を結ぶ体の組織のことをいいます。

(4)三段落《だんらく》あとに「惨めだった」「悔しいとも、悲しいとも感じなかった」とあるので「悲しい」「悔しい」とある**ア**・**イ**はちがいます。また、なぜ惨めに感じたのかというと「他人の言うとおりにしか動けなかった自分自身が惨めでたまらない」とあるので、**ウ**が適切です。**エ**のような「けがをするほど無理をした」ということは書かれていません。

(5)「言われるがままに、一〇〇〇を走ってしまった」「他人の言うとおりにしか動けなかった」とあることから、他人に一〇〇〇を走るよう言われたから、走ったのだとわかります。

(6)「首を横に振る」ともいい、何かを否定するときにする動作です。

(7)(4)で見たように、遠子は「他人の言うとおりにしか動けなかった」ことを惨めだと強く感じており、「こんな惨めな思いのまま、泣いたりするもんか」と思いつつ涙をこらえきれずにいます。言われるがままにしてきた惨めさを痛感しているので、これからは、惨めにならないよう、自分のことは自分で決めて行動していくと考えられます。

2

(1)「孫を見送りにきた　おばあさん」とあるので、孫とおばあさんの別れの場面だとわかります。

(2)「おばあさんの手が／いつまでも／いつまでも　ついてきている」とありますが、本物のおばあさんの手がついてきているのではありません。「列車の　まどガラスに／なごりおしそうに／手を　くっつけている」ときにできた、手のあとが、ずっと消えずにあるということです。

(3)詩の中にある「手」は「おばあさんの手」です。別れのときに「なごりおしそうに」孫のいる列車のまどガラスに手をくっつけているというのは、孫との別れをおしんでいることを表しています。その手のあとが「いつまでも／いつまでも」孫についてきているというのは、おばあさんの孫を思う気持ちがずっと続いていることを表しているのです。したがって、**イ**が適切です。

チェックポイント　文章から答えを探《さが》す

文章を読むときに、言葉のイメージや、自分の経験と結びつけて、つい自分独自の考えで読んでしまうことがあります。読書を楽しむときはそれでもいいですが、問題を解くときは、自分勝手に考えるのではなく、文章に書いてあることを正確に読み取り、理解するようにします。